동아시아 역사
5가지 궁금증

동아시아 역사 5가지 궁금증?

신정훈 지음

알려지지 않은  비밀들

머리글

　21세기가 '한국·중국·일본시대', '동아시아의 세기'가 될 것이라는 주장이 나타나고 있다. 19세기는 영국의 세기, 20세기는 미국과 유럽의 세기였다.

　이런 까닭에 21세기에 살고 있는 우리들은 동아시아의 역사를 제대로 인식하고 파악해야 할 것이다. 지금 일본에서 독도를 자국의 영토로 주장하거나, 중국이 동북공정을 통해 고구려사를 중국사로 넣는 것은 동아시아에서 역사인식이 얼마나 중요한지를 실감 나게 알려 주는 것이다.

　이 책은 동아시아의 역사에 굵은 행적을 남긴 인물들을 추적하고자 한다. 역사책에 나와 있는 이야기보다 역사의 이면에 감춰진 인물들의 진실을 전해 보고 싶었다. 이를 위해 진시황·장수왕·당 태종·연개소문·김춘추·주원장 등의 인물을 통해 동아시아의 역사를 들려주려고 하였다.

이 책은 다음과 같은 네 가지의 목적을 가지고 썼다.

첫째, 한국사를 동아시아의 관점에서 보려고 하였다. 우리 나라의 역사가 한반도에 국한되어 있다는 역사관 대신 우리 조상들이 동아시아의 역사적인 흐름을 주도했다는 자부심을 서술하고자 했다.

둘째, 이 책에서 염두를 둔 방향은 '무엇 때문에?'라는 문제이다. 역사는 우리에게 항상 묻고 생각하도록 한다. 이 책은 뚜렷하게 '무엇 때문에'라는 물음을 묻고 있다. 진시황은 무엇 때문에 나라를 멸망시켰는지, 장수왕은 무엇 때문에 한강 유역을 장악하였는지, 당 태종과 연개소문은 무엇 때문에 갈등을 빚게 되었는지를 서술하였다. 끊임없이 만나는 '무엇 때문에'라는 의문을 통해 독자들은 외우는 역사가 아니라 새로운 세계를 탐구하는 즐거움을 얻을 것이다.

셋째, 이 책은 중국 공산당이 추진한 동북공정을 뛰어넘어 한국이 지향해야 할 역사관이 무엇인지를 찾아보았다. 구체적으로 측우기의 연호 문제를 통해 이 문제를 조명하기도 했다.

넷째, 이 책은 어릴 때 부모의 사랑과 관심이 인간의 인격 형성에 얼마나 영향을 주는지를 볼 것이다. 예를 들어 진시황과 주원장의 어릴 때의 경험이 그들의 인격에 어떻게 작용했는지를 추적할 것이다. 그리고 이들 개인의 인성이 어떻게 주위 사람들에게 영향을 주었는지를 서술할 것이다. 이 점은 독자들에게 부모의 사랑과 개인의 인성, 이웃에 대한 태도가 유기적으로 연결되어 있음을 생생하게 보여 줄 것이다.

한편 이 책은 다음과 같은 필요성에서 쓰였다.

첫 번째로 이 책은 독자들의 상상력을 북돋우려 하였다. 역사는 상상력의 보물창고이다. 이 때문에 독자들이 과거의 세계가 전개되는 책을 읽게 되면 논술의 기초가 되는 상상력이 오롯이 자라나게 된다.

두 번째로 이 책은 독자들에게 즐거움을 주기 위해 쓰였다. 이 즐거움은 재미있는 소설을 보는 것 같은 즐거움이다. 독자들은 이 책이 주는 즐거움 속에서 자신이 경험하지 못한 전혀 다른 경험을 할 수 있을 것이다. 이러한 간접경험은 독자들의 삶을 풍요롭게 할 것이다.

세 번째로 역사에서 미래를 내다볼 수 있다는 힘이 있음을 말하고 싶었다. 우리들은 역사를 읽음으로써 전혀 다른 시대의 낯선 인물들을 만나게 된다. 이러한 낯선 시대와 인물을 통해 그 시기의 고민을 접하게 된다. 그리고 오늘날 우리가 가지고 있는 고민이 그들도 가졌던 고민이라는 것을 알게 된다. 이런 사실로 볼 때 우리는 이전 시대 사람들의 고민을 해결하는 방법을 검토함으로써 예측할 수 없는 미래에 보다 합리적으로 대처할 수 있을 것이다.

마지막으로 이 책은 교양을 키워 주기 위해 쓰였다. 교양 있는 사람은 사회에서 환영받는다. 왜냐하면 교양은 남을 배려하는 힘을 키워 주기 때문이다. 역사에는 이러한 교양이 듬뿍 들어 있다. 독자들은 이 책을 읽음으로써 자연스럽게 교양을 얻을 수 있을 것이다.

책에 나온 내용들은 기본적으로 사료의 바탕 위에 쓰였다. 왜냐하면 역사를 서술할 때 사료는 가장 기본적인 재료이기 때문이다.

그러나 이렇게 남아 있는 사료들은 대개 승자의 것이라는 한계가 있다. 이러한 예들은 무수히 많지만, 한 예를 들어 보자. 단종시대의 역사를 기록한 『단종실록』은 단종을 쫓아내고 편찬되었다. 이 책은 세조의 집권에 가담하거나 옹호한 사람들이 편찬한 것이다. 이에 비해 사육신과 생육신의 입장에서 편찬된 단종 시기에 관한 역사서는 남아 있지 않다. 결국 우리들이 보고 접하는 교과서나 역사소설 등은 이긴 자의 입장에서 기록된 사료들을 참고하여 집필된다.

필자의 글 역시 위에서와 같은 한계를 가질 것이다. 그러나 필자는 사료의 공백지대에 주목하였다. 역사가는 대상이 된 시기를 모두 기록하지는 못한다. 이렇게 기록되지 못한 공백지대를 살펴보려고 하였다. 이러한 일에는 상상력이 필요하다. 필자는 역사의 공백지대에 상상력을 불어넣었다. 그러나 누구나 그랬을 것이라고 생각되는 범주에서 필자의 상상력으로 서술되었다는 점을 밝혀 둔다.

또한 사료를 인용할 때는 될 수 있는 대로 현대적인 우리말로 풀이하여 알기 쉽게 설명하려고 노력하였다. 한편으로 이해를 돕기 위해 덧붙인 부분도 있다. 이러한 부분도 본질적인 내용을 과장하지는 않았다는 점을 이해하여 주시면 고맙겠다.

오늘에 살고 있는 우리들이 과거 사람들이 가진 고뇌나 이상에 대해 그 지혜와 용기를 배울 수 있다면 더없는 보람이 될 것이다.

이 책은 많은 분들의 도움으로 집필되었다. 아버지께서는 이 책을 읽어 보시고 내용과 문장에 있어서 좋은 지적을 해 주셨다. 동생인 신혜진 작가는 책의 구성과 제목에 대해 적절한 조언을 주었다. 또한 중앙대학교의 김정수, 홍기찬, 노선덕, 오원근, 이창훈 학생은 책의 오자와 내용 등에서 조언을 해 주었다. 신승훈 강사와 정영훈 학생은 그림과 사진을 스캔하는 데 도움을 주었다.

이 책은 앞선 시기의 사료와 연구 업적에 힘입어 쓰였다. 이러한 저술들이 없었다면 집필은 힘들었을 것이다. 이와 관련된 분들께 진심으로 감사드린다.

신정훈

목차

진시황-돈과 권력의 추구가
진시황을 만들다

진시황-돈과 권력의 추구가

1. 자신이 만든 법 때문에 죽은 상앙

상앙(商鞅)은 다급한 마음으로 진(秦)나라의 수도인 함양(咸陽)을 벗어났다. 효공(孝公: 기원전 381년~기원전 338년 생존, 기원전 361년~기원전 338년 재위)이 살아 있을 때만 해도, 그는 막강한 권력을 휘둘렀던 재상이었다. 그가 시행한 법은 진나라 전역에 엄격하게 시행되었고, 그의 권력은 절정에 달해 있었다.

『사기』(史記) 상앙 열전에는 상앙이 얼마나 큰 권력을 누렸는가를 보여 주는 기록이 있다.

"상앙이 외출할 때에는 항상 열 대가 넘는 수레가 뒤따랐다. 그 수레에는 무장한 군인들을 실었으며, 힘이 센 장사들이 탔다. 또한 긴 창을 잡은 사람들이 수레의 곁에서 호위하고 달렸다. 이 중에서 단 한 가지라도 갖추어지지 않으면, 상앙은 아예 외출하지 않았다."

그러나 효공이 죽자 모든 것이 끝났다. 코를 잘린 공자 건(虔)과 얼굴에 먹물로 글자를 뜨는 형벌을 받았던 공손가(公孫賈)가 상앙을 감옥에 집어넣을 것을 주장했기 때문이다.

위기를 느낀 상앙은 진나라 밖으로 도망가려 했다. 그는 한 사람의 비서만을 데리고 몰래 집을 빠져나왔다. 길을 나선 그는 밤이 되자 잘 집이 필요했다. 천하의 상앙도 잠은 자야 했다.

그런데 상앙이 잠을 자기 위해 어느 집에나 들르면 대답은 한결같았다. "상앙 님의 법률로 여행증명서가 없는 사람을 재우면 처벌을 받게 됩니다."고 하였던 것이다.

상앙은 쓸쓸히 탄식했다. "아, 법의 각박함이 나에게 닥쳤구나."

진나라를 벗어나기 위해서는 함곡관을 빠져나와야만 했다. 상앙은 결국 길에서 노숙을 하며 가야만 했다.

그는 중얼거렸다. '어쩌다 내가 이 모양이 되었는가. 출세를 위해 내 조국 위(衛)나라를 떠나 진나라로 왔다. 충성을 다해 효공을 섬기고, 법을 시행해 진나라를 부강하게 만들었다. 그런데 이렇게 되다니……'

상앙은 초라한 몰골이 되어 갔다. 며칠간 제대로 입지도 씻지도 못했기 때문이다. 결국 그는 수상한 사람으로 관청에 신고되었다. 상앙은 그곳에서 자신의 정체를 밝혀야만 했다.

이 소식을 들은 공손가가 눈을 부릅뜨며 상앙을 잡으러 왔다. 공손가는 상앙에게 부르짖었다.

"네 이놈 상앙아. 너 때문에 나는 얼굴에 죄인이라고 먹물을 뜨였다. 이렇게 산 지가 얼마나 오래되었는지 아느냐? 네가 이 고통을 알기나 하느냐? 앞으로 평생을 이렇게 지내야 한다는 생각을 하면, 죽을 지경이다."

상앙은 고개를 숙였다.

결국 그는 얼굴에 먹물로 글자를 뜨는 형벌을 받았던 공손가에게 사로잡히는 신세가 되었다. 상앙은 도망치려 한 점 때문에 반역하려 했다는 빌미만 주게 되었다.

상앙이 잡힌 것은 바로 그가 만든 법 때문이었다. 진나라는 법으로 모든 것을 통제하고 있었으므로 상앙이 빠져나갈 구멍이 없었던 것이다.

혜문공(惠文公) 원년, 상앙은 함양 저잣거리에서 사지가 각기 다른 수레에 묶여 다섯 토막으로 찢기는 형벌(거열형)을 받았다.

상앙이 우리에게 주는 교훈은 무엇일까? 상앙은 모든 인간의 일을 형벌로 처벌하려 하였다. 특히 가혹한 형벌로 다스렸다. 그런데 인간은 감성과 이성으로 생활하는 생활인이다. 때로는 관용과 너그러움이 인간의 삶에 필요한 것은 아닐까?

상앙은 위나라 사람이었다. 그는 청운의 꿈을 품고 진나라로 가, 자신의 꿈을 펼치려 하였다.

진나라는 중국 서북부의 감숙성(甘肅省)을 근거지로 한 국가였다. 감숙성은 중국의 서북지역에 있으며, 몽골과 맞닿아 있다. 이 지역 주민들은 처음에 목축을 생업으로 했으므로 말을 잘 다루었다.

그렇지만 황하 유역에 위치한 중원 지역의 나라들은 농업을 바탕으로 했다. 이런 점에서 진나라는 농경을 주된 생업으로 하던 중원의 나라들과는 이질적인 문화적 배경을 가졌던 것이다.

말을 자유자재로 다룬다는 것은 기마전에 능하다는 것이다. 일반적으로 말을 타고 싸우는 기병이 걸어 다니며 싸우는 보병보다 전투에서 훨씬 더 유리하다고 한다. 기병은 쉽게 이동할 수 있는 기동성과 말의 힘이 가지는 공포감을 이용하여 보병을 쉽게 제압할 수 있다.

이런 점에서, 말안장이 주목된다. 진시황릉의 진용갱에서 출토된 도마 위에 있는 안장이 그것이다.

일부 학자들은 기병이 말안장을 사용하기 시작한 것은 前漢(전한: 기원전 206년~기원후 8년)시대의 일이고 그전에는 안장을 사용하지 않았다고 생각했다.

그러나 진용갱에서 출토된 도마의 등에는 모두 안장이 조각되어 있는데, 안장의 양쪽 끝이 조금 치켜 올라가고 표면에는 못이 조각되어 있다. 못은 가죽재질의 덮개를 안장에 고정시키기 위한 것으로 보인다.

이 실물의 출현으로 진나라 때 또는 소급하여 중국 지역에서 제후국들이 패권을 다투던 전국시대(戰國時代: 기원전 403년~기원전 221년) 후기에도 기병들이 안장을 사용했음을 알게 되었다. 안장을 사용한다는 것은 사소한 것이 아니다. 안장을 사용함으로써 기병들의 양손이 자유로워져 전투력이 증강되었던 것이다.

안장이 단순한 것이 아니라는 것은 의학적으로도 입증된

진용갱에서 출토된 도마 위에 있는 안장

다. 안장을 하지 않고 말을 타면 남성의 고환질환과 불임증을 유발한다. 인류 최초의 기마민족이었던 스키타이인들은 안장에 앉지 않고 타다가 멸종되었다는 이야기가 있다.

결국 전국시대의 진나라가 여섯 나라보다 우위에 설 수 있었던 주요한 요인은 말을 일찍부터 길러 잘 다루었기에 가능한 것이었다.

이렇게 말을 잘 다룬 진나라 사람들은 화하족(華夏族)이 아니었다. 화하족이란 오늘날의 중국민족인 한족(漢族)의 전신을 말한다. 진나라 사람들은 오랑캐라 불리던 이족(夷族)이었다.

진나라가 이족의 국가라는 점은 진(秦)의 왕 목공(穆公)이 서융(西戎: 서쪽 오랑캐)의 패자(覇者: 황제로부터 일정한 지역을 다스릴 권한을 받은 제후의 우두머리)로 불린 점에서 알 수 있다.

효공(孝公)이 왕위에 올랐을 때만 해도 진의 국력은 비교적

약하였다. 그러나 효공이 재위한 시기에 진은 큰 변화를 겪게
된다.

효공이 다스릴 때 중국 지역은 춘추전국시대(春秋戰國時代)
라고 부르는 시기였다. 춘추전국시대는 경제력의 발전을 바
탕으로 정치적인 각축이 치열하게 전개되었다.

경제력의 발전은 철기문화의 발전과 관련이 있었다. 춘추시
대(春秋時代: 기원전 770년~기원전 403년)에 철은 농기구를 만
드는 데 보편적으로 사용되었다. 철 농기구의 도입은 이전 시
기에 돌이나 청동으로 만든 농기구에 비해 생산량을 크게 증가
시켰다. 가래류와 호미류·쌍날가래 등이 그것이다. 이들 철제
농기구는 나무 몸통에 쇠로 머리를 만들어 붙인 기구가 많다.

더욱이 춘추시대 후기에 소로 농사를 짓는 우경(牛耕)이 확
대되었다. 이는 획기적인 사건이었다. 사람의 힘을 이용한 경
작에서 우경으로 발전한 것은
농업기술상의 중대한 변화였다.
우경은 농업생산량을 늘렸고,
이후에 기본적인 경작방법의 토
대가 되었다.

또한 춘추전국시대에는 퇴비
나 가축의 배설물을 써서 지력
(地力)을 향상시키는 방법이 보
편화되었다. 종래에는 몇 년간
농사를 짓다가 지력이 줄어들

춘추전국시대의 철 도끼 주조 틀

면 밭을 묵혀 두었다. 그러나 춘추전국시대에는 퇴비나 가축의 배설물을 써서 지력을 향상시켜 이어짓기(연작)를 할 수 있었다.

이와 같은 농업생산량의 증가는 사람들로 하여금 토지에 대한 소유욕을 이끌었다. 『춘추』(春秋) 「선공」(宣公) 15년에 처음으로 개인 농지에 밭이랑 단위로 세금을 매기는 기록으로 이를 알 수 있다.

이 시기에는 철제 무기의 발전으로 이웃 나라에 대한 정복전쟁이 격화되었다. 이를 배경으로 춘추전국시대에는 강한 자가 약한 자를 잡아먹는 약육강식의 시대가 전개되었다.

그와 같은 시대는 어떻게 하면 나라를 부강하게 하고 백성들을 편안하게 하느냐는 문제가 중요시된다. 당연히 이와 관련된 여러 가지 사상이 나왔다. 우리가 잘 아는 유가(儒家)와 법가(法家), 도가(道家) 등이 바로 이런 경제적인 변화와 정치적인 각축을 배경으로 등장하였다.

이런 상황 속에서 진나라는 법가사상을 채택하여 부국강병(富國强兵)을 도모하였다. 법가와 관련된 인물이 바로 상앙(商鞅)이다. 진나라의 효공은 상앙이라는 위(衛)나라의 귀족을 재상에 발탁하여 나라의 적극적인 발전을 시도하였다.

외국인이었던 상앙은 엉뚱한 법을 시장의 저잣거리에 내걸었다. "남문에 세워진 나무를 북문으로 옮기는 사람에겐 10냥을 준다."는 것이었다. 그러나 사람들의 반응은 차가웠다. '나무 하나를 옮기는 데 정말로 돈을 주겠느냐.'고 의심했다. 상앙은 다시 상금을 20냥으로 올렸다.

이때 할 일이 없던 한 인물이 나무를 북문으로 옮겼다. 그는 상앙에게 가 약속한 20냥을 상금으로 받았다.

상앙의 법은 이 한 번의 사건으로 확실히 일어섰다.

상앙은 드디어 개혁을 시행했다. 이것은 효공의 강력한 지지로 이루어졌다. 효공 3년에 실시된 제1차 변법의 내용과 의미는 『사기』(史記) 상군 열전(商君 列傳)에 실려 있다.

"다섯 가구를 오(伍)라 하고 열 가구를 십(什)으로 하며, 십이나 오 안의 이웃끼리는 서로 간에 감시해야 한다. 곧 이웃이 죽을죄를 지은 줄 알면서도 고발하지 않으면 그 허리를 베고, 고발하면 적의 목을 벤 것과 같은 상을 내린다.

또한 어느 집이 죄를 지은 사람을 숨겨 주면 그 이웃이 되는 십이나 오가 같은 죄를 지은 것으로 하여, 적에게 항복한 것과 같은 벌을 준다. 성문은 정한 시간에 열고 닫는다. 모든 숙박업소는 관청의 증명서가 없는 사람을 받아서는 안 된다."

이와 같은 조치로, 주민들 간에 물샐틈없는 감시가 이루어졌다. 이것은 국가가 주민들을 완전히 통제하게 되었음을 말한다.

"나라의 모든 관직은 군공(軍功)에 따라 정한다. 모든 상은 반드시 세운 공에 따라 내리고, 모든 벌은 지은 죄에 따라 내린다. 싸움터에서 공을 세운 자는 높은 관직을 주고 타고 다니는 수레나 의복이 화려해도 금하지 않는다. 비록 부유한 자라 하더라도 전쟁에 나가 공을 세우지 못한 자는 오로지 베옷을 입고 송아지가 끄는 작은 수레를 타고 다녀야 한다."

이 규정으로 경제적인 빈부가 아니라 전쟁에서의 공로가 중요시되었다. 상무정신이 자연히 따라오게 되었다.

"남자는 농사에 힘써야 하고 여자는 길쌈에 전념해야 한다. 곡식을 많이 생산하고 천을 많이 짠 백성들을 양민이라 불러, 그 일가의 노역을 면제한다. 이에 비해 곡식과 천을 많이 생산하지 못하는 백성들은 그의 논과 밭을 몰수하고 관가의 종으로 삼는다.

모든 교외의 황무지는 개간한다. 황무지를 개간하여 농토를 만든 자에게는 그 경작권을 준다."

위의 규정은 농업을 국가의 근본으로 한 것이다. 상앙은 국가의 부강 여부가 농업에 있다고 보았다. 그리하여 그는 강제적으로 농업생산력을 증대시켰다. 농업생산력의 증가는 국가재정을 튼실하게 했다. 국가재정이 풍부해지자 군사력을 키울수 있었다.

제1차 변법은 성공했다. 이러한 성공을 바탕으로 효공 8년에 원리(元里)에서 위나라와 싸워 크게 이겼다.

효공 10년에는 상앙이 대군을 이끌고 위나라로 쳐들어갔다. 상앙은 이때 군대를 지휘한 경험이 없었다. 그러나 효공의 절대적인 신임으로 대군을 통솔하여 안읍(安邑)을 항복받았다.

효공 12년, 진나라는 수도를 역양에서 함양으로 옮겼다. 이해에 상앙은 다시 효공의 후원으로 제2차 변법을 시행했다.

첫 번째로, 봉건영주의 토지 소유제인 정전제(井田制)를 폐지하고 원전제(轅田制)를 시행했다.

정전제란 사방 1리의 토지를 정(井: 우물) 자로 9등분한 것이다. 9등분된 땅 가운데 중앙에 있는 하나만 수확을 국가에 바치고, 나머지 여덟 등분의 수확은 소유자인 봉건영주가 차지하였다. 이들 봉건영주들은 자신의 토지를 가지고 가신(家臣)을 거느리고 있는 독자적인 세력이었다.

그러나 원전제하에서는 백성들이 토지를 소유하고 국가에 직접 세금을 낸다. 이는 봉건영주들의 토지소유권을 박탈한다는 것이다. 결국 국가로 대표되는 왕권의 신장이 이루어졌다.

또한 천맥(仟陌)을 개설했다.

천맥이란 밭 사이(田間)의 길이다. 밭 사이에 농로와 수로를 만들어 효율적으로 농사를 짓게 되었다.

둘째, 새로운 점령지에 대해 현제(縣制)를 실시했다.

종래에는 향이나 읍과 같은 지방행정기관을 지방영주가 다스렸다. 그러나 상앙은 현을 설치해 왕이 보낸 현령과 현승, 현위 등과 같은 지방관을 두어 다스리게 했다. 당연히 독자적인 권력을 갖는 지방영주보다 왕을 대신하는 지방관이 다스림으로써 왕권의 강화가 이루어졌다.

셋째, 도량형을 통일했다.

진나라 안에서 무게와 부피를 측정하기 위해 쓰는 자와 저울의 기준을 같이하여, 세금을 거둘 때의 불편함을 없앴다.

넷째, 오랑캐의 풍속을 개혁하였다.

예를 들어 서쪽의 오랑캐 풍속인 부자와 형제가 같이 방을 쓰는 풍습을 금지시켰다. 진나라는 이 조치로 중원에 있는 한족(漢族)의 문화에 가까이 갈 수 있었다.

제2차 변법으로 진나라는 더욱 부강해졌다. 상앙은 5만 대군을 이끌고 위나라를 쳤다. 이때 공자 앙(央)을 사로잡고 오성(吳城)을 빼앗았다. 그는 이 공로로 상군(商君)으로 봉해졌다. 그리고 위나라 영토였던 상읍(商邑)을 비롯해 열다섯 읍을 봉토로 받았다. 상앙(商鞅)의 상(商)이란 성도 상읍의 땅에 봉해졌으므로 붙여진 칭호이다.

진나라를 강대국으로 발전시킨 상앙의 생각은 단순했다. "잘하면 상을 내리고 못하면 처벌한다."는 것이었다. 그리고 이것을 철저히 법에 따라 시행하였다. 법가사상의 요체는 이렇게 간단했다. 상앙 덕분에 진나라는 전국시대의 다른 나라들을 훨씬 앞서기 시작했다.

그러나 상앙의 말로는 비참했다. 상앙 때문에 피해를 본 사람들이 벼르고 있었던 것이다. 그 대표적인 인물이 태자였다. 그는 죄를 지은 공족(公族) 한 사람을 숨겨 주었다가 엄격한 상앙의 법에 걸려 죽을 뻔하였던 것이다. 자신은 왕의 후계자인 태자였기 때문에 겨우 죄를 면했다.

그렇지만 태자를 대신하여 시중들던 사람들이 벌을 받았다. 공자 건은 코가 잘리고, 태자를 가르쳤던 공손가는 얼굴에 먹물로 글자를 뜨는 형벌을 받았다. 태자는 자신이 잘못한 일로 코가 잘린 공자 건과 얼굴에 먹물로 글자가 뜨인 공손가를 볼 때마다 한없는 자괴감이 들었다. 그리고 이 자괴감은 상앙에 대한 분노로 변했다.

효공이 재위 24년 만에 죽자 태자가 왕이 되었다. 이 사람이 혜문공(惠文公)이다.

혜문공이 즉위하자 진나라의 분위기가 달라졌다. 상앙은 그동안 효공의 신임과 자신이 가진 권력에 도취해 있었다. 그는 권력이 비수가 되어 자신을 노릴 수 있는지를 몰랐다. 왜 그랬을까?

상앙이 궁중에 가면 효공은 버선발로 마중 나왔다. 효공은 절대적으로 상앙을 신임했다. 상앙은 효공의 신임에 취했다.

성벽 밖의 산 위에 석양이 질 때 여기저기에서 경계를 서고 있는 군사들 속을 거닐며 두 사람은 부국강병을 논했다. 상앙은 임금을 독대하며 스스로에 대한 자만심을 키워 갔다. 그 자만심이 비수가 되어 상앙을 겨누고 있었다.

상앙은 본래 진나라 사람이 아니었다. 그런데 그가 효공의 후원 아래 국가의 개혁을 실천하자 자연히 상앙에게 적대적인 세력이 있었다. 그중에서도 공자 건과 공손가는 그들의 중심에 섰다.

이들이 상앙을 모함하자 혜문공이 상앙을 잡아들이게 한 것이다. 상앙은 결국 비참한 최후를 맞이하게 됐다.

상앙의 이야기는 일깨워
주는 바가 크다. 상앙의 간
단한 법가 사상은 진나라를
부강하게 하였다. 그러나
법가만을 강요하는 경직된
사회는 공자 건, 공손가와
같은 억울한 사람들을 생기
게 했다. 상앙 역시 그 법가
의 희생양이 되었던 것이다.

진시황릉에서 출토된 도용

그럼에도 상앙이 제시한
법가는 진나라에서 계속해
서 시행되었다. 법가가 춘추전국시대의 혹독한 경쟁에서 부
국강병에 효율적이었기 때문이다.

실제로 상앙의 개혁은 농업생산력을 비약적으로 증대시켰
다. 그가 제정한 법은 강제로 수확량을 증대시키도록 한 것
이었다. 곡식을 많이 생산하는 농민은 노역이 면제되며, 곡
식을 많이 생산하지 못하는 농민은 논·밭이 몰수되고 종이
되었기 때문이다. 농민들의 생존은 수확량과 바로 연결되었
다. 그들은 온 힘을 다해 농사를 지어야만 했다.

이러한 경제력을 바탕으로 전쟁 무기를 만드는 데 필요한
우수한 기술자들을 확보할 수 있었다. 진나라 기술자들의 뛰
어난 기술은 진시황릉의 1호 갱에서 발견된 구리검에서 알

수 있다.

　현대과학으로 분석해 본 결과, 이 검은 구리와 납·주석 세 가지 금속으로 구성되었음이 밝혀졌다.

　이 진나라 검은 2천여 년 동안 진흙에 침식되면서도 여전히 새것처럼 빛나고 있었다. 그 이유는 날의 표면에 10~15 마이크론의 크롬 화합물 산화층이 덮여 있었기 때문이었다. 화학 실험을 통해 구리검은 이미 주조과정에서 크로메이트(chromate)라는 산화처리를 거쳤음이 밝혀졌다. 진나라의 이 화학기술은 뒤 시기에 전달되지 못했다.

　1930년대에 들어서서야 독일이 이 기술을 다시 발명했다. 독일은 이때 세계에서 가장 우수한 화학기술을 보유한 국가였다. 이 점은 놀라운 사실을 보여 준다. 진나라는 무려 2,000여 년 전에 첨단 화학기술을 보유했던 것이다.

　진나라는 우수한 기술자들을 확보해 여러 종류의 무기를 만들었다. 진시황릉 묘역에서 출토된 활과 원거리 사격무기인 쇠뇌·구리촉·창·만도(彎刀: 갈고리처럼 구부러진 칼) 등은 이 당시 진나라 군의 무장력을 잘 보여 준다.

　더욱이 진나라는 법가에 따라 군인들을 대우하였다. 군인들은 전쟁에서 승리하면 법에 따라 전답과 노비를 상으로 받았다. 그러나 전쟁에서 패하면 가혹한 처벌을 받았다. 상과 벌이 분명하므로 진나라의 군인들은 전쟁에 목숨을 걸고 달려들었다.

2. 진왕 정(진시황)의 어머니, 불륜을 저지르다

효공의 손자인 소양왕(昭襄王: 기원전 307~251 재위) 때는 동방에 있는 제(齊)와 함께 천하를 이분하게 되었다. 당시 사람들은 소양왕을 西쪽의 황제라는 뜻의 서제(西帝)라 하고, 제(齊)의 혼왕(湣王)을 동쪽의 황제라는 뜻의 동제(東帝)라고 불렀다.

소양왕 40년에 태자가 죽자, 42년에 둘째 아들 안국군(安國君)이 태자에 올랐다. 안국군은 가장 사랑하는 첩을 정부인으로 하고 화양부인(華陽夫人)이라 불렀다. 그녀는 초나라 사람이었는데 안국군과의 사이에 아들이 없었다. 안국군은 다른 여자들과의 사이에 아들 20여 명을 두고 있었다.

안국군의 가운데 아들로 자초(子楚)라는 왕자가 있었다. 그의 친어머니 하희(何姬)는 측실로 안국군의 사랑을 받지 못했다.

자초는 조(趙)나라에 볼모로 가게 되었다. 이 무렵에 조나라는 진나라에게 여러 차례 공격을 받고 있었다. 이런 적대국인 조나라에 자초가 볼모로 갔다는 것은 그의 정치적 위치가 얼마나 미약했는가를 잘 보여 준다. 자초는 서자인데다 인질의 몸이었으므로 곤궁한 생활을 해야만 했다.

이 무렵 여불위(呂不韋)라는 인물이 있었다. 여불위는 한(韓)

나라 땅 양적(陽翟)의 상인이었다. 그는 여러 나라를 돌아다니며 값이 쌀 때 물건을 사 놓았다가 비쌀 때 팔아 많은 돈을 모았다. 여불위는 나이 마흔에 벌써 1천 금(千金)을 벌어들였다. 이때 1금(金)은 황금 1근(斤)이니 그는 큰 재력을 가지고 있었다.

여불위는 조나라 수도인 한단(邯鄲)에 장사하러 왔다가 자초를 만나게 되었다. 여불위는 속으로 생각했다. ‘저 사람에게 내가 투자한다면 큰 돈을 벌 수 있겠다.’

여불위에게 자초는 투자의 대상이었다. 여불위는 앞으로 돈을 벌면 이웃과 사회를 위해 좋은 일을 하겠다는 계획이나 이상은 없었다. 그는 무조건 돈을 좇아갔다.

여불위는 자초를 다시 찾아가 입을 열었다.

“저는 공의 가문을 크게 빛낼 수 있습니다.”

자초는 이 말에 솔깃해 물었다.

“어떻게 그럴 수 있습니까?”

여불위가 말했다.

“공자의 아버님 안국군은 태자이십니다. 그는 화양부인을 총애한다고 합니다. 그런데 화양부인에게는 아들이 없으니 안국군의 후계를 정하는 데에는 화양부인의 힘이 작용할 것입니다. 공은 큰아들도 아닌데다가 남의 나라에 인질로 와 있습니다. 안국군의 옆에 있는 큰형님이나 다른 형제분에 비해 공자께서 태자의 자리를 다투기는 어렵습니다.”

자초가 말했다.

"사실은 그렇습니다. 어떤 좋은 방도가 있습니까?"

여불위는 '좋은 방도'라는 말에서 자초의 태자 자리에 대한 마음속 열망을 알 수 있었다. 여불위는 자초에게 그의 권력에 대한 갈망을 충족시켜 주는 구체적인 제안을 이야기했다.

"공자께서는 조나라에 있어 부모를 섬길 수 없고 경제적인 여유도 없어 손님들을 사귀는 일조차 힘듭니다. 저는 큰 여유는 없습니다. 그렇지만 공자를 위해 천 금을 내어 진나라로 가, 안국군과 화양부인을 받들어 공자를 후사로 세우도록 하겠습니다."

자초는 마음속으로는 가졌으나 꿈에도 꿀 수 없었던 권력에의 욕망을 채워 주겠다는 사람을 만났다. 그는 저절로 머리가 숙여졌다.

"당신의 계책대로 된다면 진나라를 당신과 함께 다스리겠습니다."

자초 역시 무작정 권력만을 추구했다. 그는 권력으로 백성을 위해 어떤 선(善)한 일을 할 것인지, 나라를 위해 무슨 일을 할 것인지에 관한 비전(vision)이 없었다.

자초와 여불위는 돈과 권력으로 사회와 나라를 위해 바람직한 일을 할 계획은 전혀 없었다. 이런 점에서 두 사람은 닮아 있었다.

여불위는 자초에게 5백 금을 주어 경제적인 어려움을 면하게 해 주었다. 그리고 5백 금으로 진귀한 물건을 사 가지고 진나라로 갔다.

여불위는 벌어들인 1천 금을 자초를 위해 다 써 버렸다. 그는 자초에게 올인했던 것이다.

여불위는 준비해 간 물건을 화양부인의 언니를 통해 화양부인에게 바쳤다. 그 후 그는 화양부인을 만나 말했다.

"자초 왕자님은 어질고 슬기로우며 여러 나라의 유력한 사람들과 널리 사귀고 있습니다. 또한 그분은 화양부인을 하늘처럼 받들어 아버지와 부인을 밤낮으로 그리며 눈물을 흘립니다."

화양부인은 이미 선물에 크게 감동해 있었다. 더욱이 그녀는 초나라에서 왔으므로 언제나 물 위의 기름과 같은 느낌을 받고 있었다. 여불위의 말에 그녀는 크게 기뻐했다.

뒤에 여불위는 화양부인의 언니를 시켜 화양부인에게 이렇게 전하게 했다.

"내가 전에 들은 말이 있습니다. 아름다운 얼굴로 남을 섬기는 사람은 그 아름다운 얼굴빛이 무너지면 사랑도 퇴색하게 된다는 것입니다.

지금 부인께서는 태자를 모시며 큰 사랑을 받고 있습니다. 그러나 아들이 없습니다. 이런 때 여러 공자들 가운데에서 어질고 효성스러운 왕자를 정해 후사로 세우고 양자로 삼는 것이 좋습니다. 그러시면 남편이 살아 있을 때는 존중받을 것이며 남편이 세상을 뜬 이후에는 양자가 왕위에 오르니 권세를 잃지 않을 것입니다.

자초 왕자는 현명하여 스스로 자신은 가운데 서열에 있는 아들이니 태자의 차례가 될 수가 없음을 알고 있습니다. 그의 어머니도 태자의 총애를 받지 못하므로 부인께 마음을 의지할 것입니다. 부인께서 자초 왕자를 후사로 삼는다면 얼마나 든든하겠습니까?"

화양부인은 이 말을 옳다고 여겨 태자인 안국군에게 말했다.

"저는 다행히 당신의 사랑을 받고 있지만 아들이 없습니다. 자초를 후사로 삼아 저의 장래를 맡기게 해 주십시오."

안국군은 화양부인을 총애하고 있었으므로 자초를 후사로 삼겠다는 약속을 했다. 안국군과 화양부인은 여불위에게 많은 물건을 주어 자초에게 그것을 전달하게 했다. 이때부터 자초는 여러 나라에 이름이 크게 알려지게 되었다.

그런데 자초의 아들인 진왕 정(秦王 政: 진시황)의 출생에 대해, 『사기』(史記) 여불위 열전(呂不韋 列傳)과 진시황 본기(秦始皇 本紀)에서는 다르게 기술하고 있다.

먼저 『사기』 여불위 열전의 기록을 따라가 보자. 여불위는 조나라의 서울인 한단에서 아름답고 춤을 잘 추는 여인을 데리고 살았다.

그녀의 이름은 조희(趙姬)라고 했다. 희(姬)란 아가씨, 여자란 뜻으로 나이 어린 여자에게 붙이던 민간의 존칭이었다. 곧 조희란 이름은 조나라 아가씨라는 뜻이 된다. 그녀는 한단의 호족집 딸이었다. 여불위는 그녀가 임신한 것을 알게 되었다.

어느 날 자초가 여불위의 집에서 술을 마시다가 조희를 보고 한눈에 반해 버렸다. 자초는 축배를 들더니 그녀를 달라고 청했다. 『사기』 여불위 열전은 이때 여불위의 심경을 잘 표현하고 있다. "여불위는 화가 났으나 참고 그녀를 바쳤다."

이 문장은 바로 자초와 여불위의 관계를 잘 표현해 주고 있다. 자초는 여불위가 자신을 위해 전 재산을 투자한 것을 알고 있다. 여불위가 자초를 포기한다면 그는 자신의 전 재산을 포기하는 것이 된다. 이미 자초는 여불위의 머리 위에 있었던 것이다. 결국 여불위는 참고 조희를 바쳤다.

여기에서 반드시 살펴야 될 것이 조희의 반응이다. 자초의 제안대로 된다면 그녀는 여불위의 여인에서 자초의 여인이 된다. 이것은 자신의 의지와는 전혀 상관없는 일이다. 더욱이 조희는 자초를 단 한 번밖에 보지 못했다.

여불위가 자초에게 그녀를 바치려 하더라도, 그녀는 거부하는 반응을 보이는 것이 순리일 것이다. 그녀는 그때까지 여불위와 동거를 하고 있었다.

만약 조희가 자초의 제안을 강하게 거절하였다면 『사기』에는 그와 관련된 기록이 남았을 것이다. 그러나 그런 기록이 없다. 이로 보아 그녀는 이성을 사귀는 데 자유로운 여자였던 것 같다.

드디어 그녀는 임신한 사실을 숨기고 자초에게 가, 12개월 만에 아들을 낳았다. 자초는 아들의 이름을 정(政: 뒷날의 진시황)이라 하고 그녀를 부인으로 삼았다.

『사기』 여불위 열전에 따르면 진왕 정(진시황)은 여불위의
아들이 된다.

그러나 『사기』의 진시황 본기에는 다음과 같이 다르게 기
술되어 있다.

"진시황은 진나라 자초(장양왕)의 아들이다. 자초(장양왕)가
조나라에 인질로 있을 때 여불위의 첩을 얻어서 진시황을 낳
았다."

『사기』 진시황 본기의 기록에 따르면 진시황은 자초(장양
왕)의 아들이다. 그렇다면 어느 기록을 믿어야 할까.

『사기』 여불위 열전에는 12개월 만에 진시황을 낳았다 한
다. 사람의 임신 기간은 10개월이다. 만일 이것이 여인을 넘
겨 준 시점에서 낳을 때까지를 의미한다면, 진왕 정은 자초의
아들로 생각된다.

자초는 결코 호락호락한 인물이 아니었다. 그는 왕위계승
과 거리가 멀었다. 20여 명 왕자 중의 한 명에 불과했으며, 그
의 어머니도 안국공의 총애를 받지 못했다. 그러나 그는 여불
위의 재력을 이용하여 화양부인에게 접근했다. 뒤에 20여 명
이 넘는 잠재적 경쟁자들을 제치고 왕이 되었다.

여불위가 돈을 얻기 위해 자초를 이용했다면 자초 역시 왕
이 되기 위해 여불위를 이용했다. 이 점은 자초가 매우 영리
한 인물이라는 점을 말한다. 이런 자초는 조희가 진왕 정을
낳자 정실부인으로 삼았던 것이다. 지금까지 사실로 보아 진
왕 정을 자초의 아들로 보는 『사기』 진시황 본기의 기록이 합

리적이다.

그러나 두 기록은 공통적으로 진왕 정의 어머니가 여불위의 애인이었다고 말하고 있다. 이 점은 당시에 누구나 알고 있었다.

진나라 소왕 56년, 왕이 죽고 안국군이 즉위했다. 이때 화양부인은 왕후가 되고 자초는 태자가 되었다. 조나라는 자초의 부인과 아들 정을 모셔서 진나라로 돌려보냈다.

안국군은 즉위한 지 1년 만에 죽었으며 효문왕(孝文王)이라 불렀다.

그 뒤를 이어 태자 자초가 즉위했으니, 이가 장양왕(莊襄王)이다. 장양왕은 양모인 화양부인을 화양태후로 삼고, 생모인 하희는 하태후라 높였다. 여불위를 재상인 승상으로 하고 문

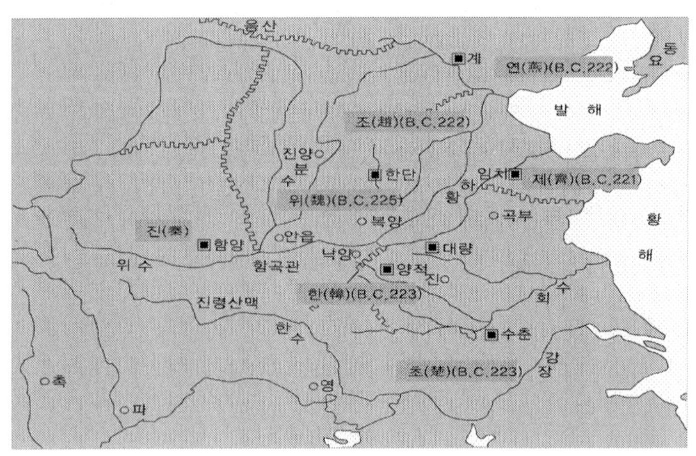

춘추전국시대 지도

신후(文信候)로 봉했다. 그리고 하남(河南)과 낙양(洛陽)의 10만 호를 식읍으로 주었다.

장양왕이 즉위한 지 3년 만에 죽자, 그 뒤를 이어 태자 정(政)이 어린 나이에 즉위했다. 이 사람이 바로 뒤에 중국 지역을 통일했던 진왕 정[진시황(秦始皇: 기원전 259년~기원전 210년 생존, 기원전 247년~기원전 210년 재위)]이다. 진왕 정이 즉위했을 때의 나이가 13살에 불과해, 조희가 태후가 되어 섭정을 하였다.

왕은 여불위를 높여서 상국(相國: 승상보다 한 단계 높은 최고의 관직)으로 삼고, 중부(仲父: 둘째아버지)라 불렀다. 여불위는 권력의 실세가 되었다. 여불위의 집에는 하인이 1만 명이나 되었으며 빈객(賓客: 손님)이 3천 명이었다.

진왕 정의 어머니인 태후(조희)는 진나라의 실정을 몰랐고, 나라의 정치와 경제에 관한 일을 맡아 본 적도 없었다. 자연히 상국이 된 여불위가 권력을 쥐고 나라의 상권(商圈)을 장악하였다. 여불위는 그토록 원했던 돈 뿐만 아니라, 권력도 얻게 되었다.

이때 진왕 정의 어머니인 태후는 몰래 여불위와 관계를 가졌다. 그렇지만 여불위는 수많은 주위의 눈을 의식하지 않을 수 없었다. 진왕 정이 즉위했을 때 나이가 13살이니 지금은 문제가 없지만 장성할 때까지 부적절한 관계를 맺을 수는 없었다. 그녀는 왕의 어머니였다.

드디어 여불위는 태후와의 관계를 끊었다. 그러자 태후는 규방의 고독을 여불위에게 하소연했다. 여불위는 힘들여 얻은 돈과 권력을 유지하기 위해 그녀의 환심을 사야만 했다.

이 무렵 여불위는 손님들을 데리고 잔치를 베푸는 것을 즐거움으로 삼았다. 이때도 산해진미가 베풀어진 가운데 잔치가 벌어졌다.

잔치에 참석한 사람들 중에 한 구석에서 술을 마시던 노애(嫪毐)라는 인물이 있었다. 주흥이 무르익을 무렵에 노애가 벌떡 일어나서 여불위에게 말했다.

"보여 드릴 재주가 있습니다. 이것이 나라를 다스리는 것과 관계는 없으나 기이한 볼거리는 될 것입니다. 저의 재주를 특이하게 여기신다면 상국의 집에 머무르게 해 주십시오."

여불위가 말했다.

"기이한 볼거리라니 그게 무엇인가?"

노애가 대답했다.

"저의 재주는 음탕한 음악이 있어야 잘할 수 있습니다."

여불위는 음탕한 음악을 연주하게 했다. 음악이 흐르는 가운데 노애는 스스럼없이 옷을 훌훌 벗었다. 그러자 거대한 양물(陽物)이 드러났다. 모든 사람들의 눈이 휘둥그레졌다. 노애는 양물로 오동나무로 만든 작은 수레바퀴 같은 것을 굴리고 던졌다.

여불위는 이 광경을 보고 나서 입을 열었다.

"그것 참 이상한 재주다. 내 집에서 먹고 자도 좋다."

여기에서 노애(嫪毒)라는 이름이 주목된다. 한자는 뜻글자(표의문자)이다. 그래서 단어의 뜻을 풀이해 성격을 유추하는 일이 가능할 때도 있다.

노(嫪)는 여(女)와 료(翏)가 합쳐진 글이다. 여(女)는 여자이다. 료(翏)는 양 날개와 꽁지깃을 한데 죽 이어 놓은 모양이라고 한다. 그 뜻은 이성(異性)이나 사물에 대해서 갖는 끊을 수 없는 마음이다.

그러므로 노(嫪)는 여자에 대해 갖는 끊을 수 없는 마음이라고 풀이된다.

그다음의 애(毒) 자가 흥미롭다. 이 글자는 음란한 사람 애로 풀이되어 있다. 자전은 애를 다음과 같이 해석한다. 진(秦)나라의 노애(嫪毒)는 음란한 사람이었으므로 진나라에서는 음란한 자를 노애(嫪毒)라고 욕하였다고 한다.

이로 보아 노애(嫪毒)는 이름 자체가 음란한 사람이라는 뜻이다.

여불위는 노애에 관한 소문이 태후의 귀에 들어가게 했다. 태후는 이 소문을 들은 뒤 호기심이 생겼다. 그녀는 여불위에게 노애를 곁에 은밀히 두었으면 한다고 말했다.

그런데 진나라 법은 환관(내시)이어야만 궁궐 안에 살 수 있었다. 환관은 남자의 상징이 거세된 채 황제나 왕, 그들의 가족을 모시는 사람이다.

여불위는 노애의 양물을 자르지 않도록 관리에게 뇌물을 주었다. 그는 거짓으로 노애의 수염을 뽑아 환관으로 만들어 태후의 궁중에 들여보냈다.

난숙한 태후와 단단한 노애가 만났다. 태후는 몰래 노애와 사통(私通)하며 정욕을 불태웠다. 그녀는 밤낮으로 노애와 함께 지내며 쾌락을 즐겼다.

쾌락 뒤에는 고통이 따른다고 했던가? 그녀는 배가 불러 오기 시작했다. 태후는 환관과 관계하여 임신했다는 것이 알려지는 것을 두려워했다.

이 상황을 모면하기 위해, 태후는 점쟁이를 이용했다. 점쟁이를 매수하여 점을 쳤던 것이다. 그 점괘는

"궁(宮)을 옮겨 옹(雍)땅에 살아야 한다."고 되어 있었다.

태후는 옹땅에 별궁(別宮)을 짓고 노애와 동거하기 시작했다. 그녀는 또 다시 아들을 낳았다.

왕의 어머니가 노애를 좋아하니 자연히 그에게는 권력이 생기게 되었다. 『사기』의 기록에 따르면 "그의 집에는 일하는 하인들이 수천 명에 달했다. 그리고 벼슬을 얻으려고 노애의 집에 있으면서 손님으로 지내는 사람이 천 명이 넘었다."고 한다.

그렇다면 진왕 정은 어머니인 태후가 노애와 불륜관계라는 것을 언제 알게 되었을까. 『사기』의 여불위 열전은 정확한 시기는 기록하지 않았다. 그러나 이 점은 중요하다. 왜냐하면 태후와 노애에 관한 사실을 진왕 정이 안다면 심리적 충격이 크기 때문이다.

이 점과 관련하여 같은 책의 기록을 보자.

진왕 정 9년의 일이다. 어떤 사람이 '노애가 태후와 사통하여 두 아들을 낳아 숨겨 두고 기르고 있으며, 그 아들을 다음 왕으로 삼으려 한다.'고 알렸다. 이 기록에 따르면, 진왕 정이 공식적으로 태후와 노애의 관계를 안 것은 22살 무렵이다.

그러나 틀림없이 진왕 정은 이들의 관계를 그 이전에 알았을 것이다. 앞에서 보았듯이 관직을 얻으려고 노애의 집에 손님으로 있는 사람이 천여 명이 넘었다. 이들 중에는 노애의 집에 와서 본 일들을 다른 사람들에게 이야기하는 사람도 있었을 것이다. 이런 소문을 진왕 정이 몰랐을 리가 없다.

더욱이 태후와 노애 사이에는 두 아들이 있었다. 진왕 정은 어머니를 만날 때에 이복동생들을 보았을 것이다.

놀라운 점은 노애가 환관이 아니라 귀족으로 등장한다는 점이다. 진왕 정이 재위한 지 8년 되던 해에 노애는 귀족이 되었다. 다음의 기록은 그것을 말해 준다.

"진왕 정 8년에 노애를 장신후(長信侯)에 봉했다. 노애에게 산양(山陽)의 땅을 주어 그곳에 살게 했다. 궁실, 수레, 말, 옷, 동산, 사냥을 마음대로 하게 했다. 나라의 크고 작은 일을 노애가 결정했다. 또 하서의 태원군을 노애의 봉읍으로 더 주었다."(『사기』 진시황 본기)

노애는 장신후라는 귀족의 작위를 받았다. 더욱이 그는 나라의 모든 일을 결정했다.

그가 공을 세워서 그랬을까. 어디에도 그런 기록은 없다. 그렇다면 이것은 태후와의 관계 때문이라고 보아야 한다.

진왕 정이 즉위한 것이 13세이다. 노애는 진왕 정 8년에, 그러니까 진왕 정이 21세가 될 때 공식적으로 환관에서 귀족이 되었다.

10대와 20대 초반은 감수성이 예민한 연령이다. 이런 나이에 진왕 정은 어머니가 미천한 환관과 공공연히 불륜을 저지른다는 사실을 알았다. 그의 내면은 일그러져 갔을 것이다. 더군다나 이것은 모든 신하와 백성들이 알고 있는 '공공연한 비밀'이었다. 이 점이 더욱 진왕 정을 수치스럽게 하고 비뚤어진 심성을 가지게 만들었다.

그러나 그는 아직 어렸다. 참을 수밖에 없었다. 그의 분노는 내면으로 체화되어 갔다.

아마도 이러한 일그러진 내면은 평생 진왕 정을 괴롭히고 그로 하여금 인간에 대한 분노를 가지게 했을 것이다.

노애가 공식적인 무대에서 귀족으로 행세하며 정사를 마음대로 하는 것에 대해 진왕 정은 분노를 느꼈을 것이다. 그러나 정국은 여전히 상국(相國: 재상)이었던 여불위와 노애가 잡고 있었다.

틀림없이 진왕 정은 노애와 궁중에서 마주칠 때 섬뜩한 증오를 나타냈을 것이다. 어머니와 동거하는 환관을 보는 그의 심정을 상상해 보라.

노애는 진왕 정이 더 이상 10대의 어린이가 아니라 성장한 청년이란 것을 인식하였다. 재위 9년 되던 해에, 노애는 진왕 정의 옥새 및 태후의 인장을 위조하고, 현의 군사 및 호위군사, 관아의 기병, 여러 군공(君公)의 가신(家臣), 궁중에서 기거하는 신하들을 동원하여 옹(雍)의 기년궁을 공격해 난을 일으키려 하였다.

그러나 노애의 음모를 진왕 정은 이미 알아차리고 있었다. 그는 상국(相國)인 창평군(昌平君)과 창문군(昌文君)에게 군사를 동원해 노애 측을 공격하게 했다. 이때 수도인 함양에서 전투가 벌어져 노애의 무리 수백 명을 베었다. 노애와 그 무리는 달아났다. 진왕 정은 다음과 같은 포고를 발표했다.

"노애를 산 채로 사로잡는 자가 있으면, 일백만 전을 줄 것이고 그를 죽이면 오십만 전을 준다."(『사기』 진시황 본기)

그는 포고에서, 노애를 잡으면 죽이는 것보다 2배의 상금을 준다고 하였다. 왜 그랬을까? 노애를 그냥 죽이는 것이 아니라 수레에 묶어 죽이는 가장 비참한 형벌인 거열형에 처하기 위해서였다. 이 점은 진왕 정이 노애에 대해 얼마나 분노를 느꼈는가를 말해 준다.

도망갔던 노애는 생포되었다. 그는 수레에 찢기어 죽는 형벌을 받았고 삼족은 몰살되었다.

노애를 따랐던 위위(衛尉) 갈(竭), 내사(內史)인 사(肆), 중대부령(中大夫令)인 제(齊) 등 20여 명을 체포하여 머리를 베어 나무 위에 매달고, 사지를 수레로 찢어 사람들에게 보였으며, 그 일족을 멸하였다.

그리고 노애의 가신으로 죄가 가벼운 사람은 땔나무를 해서 종묘에 공급하는 노역에 종사하게 했다. 작위를 박탈하여 험하고 외진 촉 땅으로 보낸 세대가 4천여 세대나 되었다.

진왕 정은 더 잔인한 짓을 했다. 진왕 정의 어머니인 태후와 노애 사이에는 어린 두 아들이 있었다. 그는 자신의 이복 동생들을 자루에 넣어 때려 죽였다. 자루에 넣어 처형하는 방식은 이례적이다. 자루에 넣는다는 것은 부끄러운 것을 감추겠다는 심리적 요인이 나타난 것으로 보인다.

어머니인 태후 역시 옹도의 부양궁에 가두고 다시는 만나지 않겠다고 선언했다.

이때 대부 진충진(陳忠進)이 태후를 용서해 줄 것을 간언했다. 진왕 정은 크게 화를 냈다. 그는 진충진을 죽여 시체를 대궐 밖에 걸어 놓고 태후의 문제를 간언하는 자는 이렇게 될 것이라고 방을 붙였다. 그러나 이 문제로 27명의 신하들이 진왕 정에게 계속하여 간언하였다. 그들은 대궐 밖에 시체로 전시되었다.

여기에서 주목해야 할 것은 진왕 정의 말이다. 태후의 문제를 거론하는 자는 대궐 밖에 시체를 걸어 놓겠다는 것이다. 이러한 처형은 신하들과 백성들이 알고 있었던 '공공연한 비밀'에 대한 분노의 표현방식이었을 것이다.

아무 잘못 없이 태후에 대한 간언을 한 것만으로도 신하들이 27명이나 처형됐다. 진왕 정은 태후 문제로 10대의 어린 나이부터 괴로워했던 것이다.

태후 문제로 인한 마음의 상처는 그에게 왜곡된 여성관을 갖도록 만들었다. 『사기』에는 진왕 정이 여성들과 감정을 교류하거나 마음을 열었다는 기록이 보이지 않는다.

노애의 반란이 일어난 이듬해인 진왕 정 10년에 여불위는 노애의 반란에 연좌되어 면직되었다. 진왕 정은 여불위가 노애를 태후에게 소개한 것을 알아냈던 것이다. 그는 여불위를 죽이려 했다. 그러나 여불위가 진나라 상국으로 10여 년 있으면서 심어 놓은 무리들이 많았다. 그들의 반발을 염두에 두어 일단 여불위를 그의 식읍이 있는 하남 땅에 쫓아 보냈다.

그러나 여전히 그의 집에는 손님들로 문전성시를 이뤘다. 진왕 정은 쫓겨난 여불위가 반란을 일으킬지도 모른다고 의심하고 그에게 편지를 보냈다.

"그대는 나라에 무슨 공이 있기에 하남에 10만 호의 식읍을 갖고 있는가? 그대는 나와 무슨 친족관계가 있다고 중부(仲父: 둘째아버지)라는 호칭을 얻었는가? 그대는 집안사람들을 데리고 촉 땅으로 떠나라."(『사기』 여불위 열전)

이 편지를 받은 여불위는 망연자실했다. 더욱이 진왕 정의 두 번째 글이 그의 폐부를 찔렀다.

‘그대는 나와 무슨 친족관계가 있다고 중부(仲父: 둘째아버지)라는 호칭을 얻었는가?’

이 말은 진왕 정이 여불위와 태후와의 관계를 알고 있다는 것으로 생각하게 했다.

여불위는 노애처럼 죽는 것이 두려워 스스로 술에 독을 타서 마시고 죽었다.

진왕 정은 여불위를 비밀리에 매장한 후 다음과 같이 포고했다.

"이제부터 나랏일에 참여하여 도를 지키지 않는 행위를 노애나 여불위처럼 행하는 자는 그 일족의 호적을 몰수하고 노예로 삼을 것이다."(『사기』 여불위 열전)

여불위는 사실 진왕 정의 아버지 장양왕(자초)을 왕으로 만들었던 사람이다. 여불위가 없었다면 장양왕은 왕이 될 수 없었다고 해도 과언이 아니다. 따져 보면 장양왕이 왕위에 올랐기에 진왕 정도 왕이 될 수 있었다.

그러나 진왕 정은 자신의 돈과 권력을 유지하기 위해 노애를 태후에게 바친 여불위를 결코 용서하지 않았다.

여불위는 노애 때문에 돈과 권력을 잃고 목숨마저 잃게 되었던 것이다.

이 사건을 계기로 실권자였던 여불위와 노애가 사라졌다. 진왕 정은 실질적으로 권력을 잡을 수 있게 되었다.

3. 진시황의 포악한 성품과 분서갱유

　진왕 정의 포악한 성품은 외모에 그대로 드러났던 것 같다.
진왕 정의 외모에 대해 대량(大梁) 사람인 국위(國尉: 진나라
의 최고 군사령관) 요(繚)는 다음과 같이 말했다.

　"진시황(진왕 정)은 눈이 가늘며, 코는 독수리 부리 같고 가
슴이 새처럼 튀어나왔다. 목소리는 마치 광야에서 들려오는
승냥이 울음소리 같다. 은혜와 덕이 적은 진왕은 호랑이나 이
리와 같은 마음을 가지고 있다. 힘들고 어려울 때는 쉽게 다
른 사람의 아래에 있지만, 일단 뜻을 얻으면 금방 사람들을
잡아먹을 것이다. 평민 신분인 나를 만나도 그는 항상 몸을
낮춘다. 만약 진나라 왕이 천하에서 뜻을 얻으면 천하의 사람
들이 모두 노예가 될 것이다. 그는 결코 오랫동안 함께 지낼
사람이 되지 못한다."(『사기』 진시황 본기)

　목소리는 얼굴만큼이나 중요하다. 사람들은 어떤 이의 목소
리가 중후하다면 믿음을 가지게 된다. 그러나 말하는 이의 목
소리가 탁하고 갈라지면 경계하게 된다. 국위 요는 진시황의
목소리가 광야에서 들려오는 승냥이 울음소리 같다고 했다.

승냥이는 개승냥이, 붉은 이리 등으로도 불린다. 50㎏ 정도
의 뿔 달린 사슴을 승냥이 한두 마리가 2분 이내에 쓰러뜨릴
정도로 사냥을 잘한다.

광야에서 들려오는 승냥이 울음소리는 사냥하는 모습을 떠
올리게 한다. 승냥이는 피를 보면 흥분하여 물불을 가리지 않
는 특성이 있다. 이런 승냥이의 목소리를 진왕 정은 가졌다.

또한 국위 요는 진왕 정의 성품이 호랑이나 이리와 같다고
보았다. 그는 진왕 정이 뜻을 이루고 나면 다른 사람을 잡아
먹는다고 보았다.

승냥이와 호랑이, 이리는 먹을 것을 위해서는 수단과 방법
을 가리지 않는 광폭한 동물을 상징한다. 국위 요에게 진왕
정은 바로 이런 동물로 비쳐졌다.

더욱이 진왕 정은 다른 사람들을 믿지 못했다. 진왕 정이
다른 사람을 불신했다는 것은 왕전(王翦)의 예에서 잘 알 수
있다.

왕전은 진나라의 명장이었다. 진나라가 한(韓)·조(趙)·위
(魏)나라를 멸망시키고 연(燕)나라 왕을 변경으로 패주시켰을
때의 일이다. 이때 왕전은 역전의 노장이 되어 있었다.

진나라는 초(礎)나라만 격파하면 천하를 완전히 장악하게
되어 있었다. 진왕 정은 젊고 용감한 장군인 이신(李信)과 나
이가 든 왕전을 불렀다. 진왕 정은 먼저 이신에게 물었다.

"짐이 초나라를 공격해서 취하고자 하는데, 그대 생각에는
어느 정도의 병력이면 충분하다고 생각하는가?"

이신이 자신 있게 대답했다.

"20만만 있으면 충분합니다."

진왕 정이 왕전을 쳐다보며 같은 질문을 했다.

왕전이 진지하게 아뢰었다.

"초나라는 남방의 강자입니다. 60만이 아니면 안 됩니다."

진왕 정은 왕전을 쳐다보며, 무시하듯 말했다.

"왕 장군은 늙었구려. 어찌 그렇게 겁이 많소. 이 장군은 과감하면서도 용감하니 그의 말이 옳다."

그리하여 이신으로 하여금 몽염(蒙恬)과 함께 20만의 군대를 주어 남쪽의 초나라를 공격하게 했다. 왕전은 자기의 의견이 받아들여지지 않자 병을 핑계로 고향인 빈양(頻陽)으로 돌아가 버렸다.

초나라로 쳐들어간 이신의 군대는 기습을 받아 두 곳의 성채가 무너지고 지휘관급의 간부인 도위(都尉)가 일곱 명이나 전사했다. 비참한 패전이었다.

진왕 정은 이 소식을 듣고 왕전의 고향인 빈양으로 직접 가, 왕전에게 사과했다.

"내가 장군의 의견을 듣지 않아, 우리 군대가 패했소. 장군이 지휘를 맡아 주시오."

왕전이 사양하면서 말했다.

"노신(老臣)의 몸은 병들고 정신은 맑지 못하니, 대왕께서는 다른 유능한 장군을 쓰십시오."

진왕 정이 간청했다.

"그만하시오. 장군은 더 이상 나의 청을 거절하지 마시오."

"대왕께서 할 수 없이 신(臣)을 쓰시겠다고 한다면 60만의 군사가 있어야 됩니다."

"장군의 말대로 하겠소."

이렇게 해서 왕전은 60만의 대군을 이끌고 출전하게 되었다. 진왕 정은 왕전을 파상(灞上) 근처까지 전송했다.

거기에서 떠나려고 할 즈음, 왕전은 진왕 정에게 아주 좋은 땅과 집, 그리고 연못이 딸린 큰 정원을 달라고 요청했다. 진왕 정은 이를 흔쾌히 승낙했다.

그런데도 왕전은 거듭하여 아뢰었다.

"대왕께서 신(臣)을 친근하게 대하실 때 신이 동산과 연못을 청하는 것입니다. 신은 이것을 자손들의 생업으로 남겨 주고 싶습니다."

이 말에 진왕 정은 크게 웃으며 말했다.

"장군은 이기기만 하시오 무엇 때문에 가난을 걱정한단 말이오?"

왕전은 초나라를 치러 가는 중에도 다섯 번이나 진왕 정에게 사람을 보내 좋은 밭 등을 하사해 달라고 청했다. 이것을 알고 왕전에게 충고하는 사람이 있어 말했다.

"장군의 청은 너무 지나치십니다."

그의 말에 왕전은 이렇게 대답했다.

"그렇지가 않습니다. 누구나 아는 일이 아닙니까? 왕은 냉혹하고 사람을 신뢰하지 않는 분입니다. 나에게 진나라 군사전부를 맡겼는데 마음이 편할 리가 없습니다. 이렇게 내가 재산밖에 생각하지 않는 것처럼 행동해야 왕은 반역할 마음이 없다고 생각할 것입니다.”

국위 요와 왕전은 두 가지 점에서 공통점을 가지고 있었다. 두 사람은 진왕 정이 냉혹하다는 것을 잘 알고 있었다. 진왕 정의 이와 같은 성격은 어디에서 유래한 것일까?

그것은 바로 어머니인 태후와 환관인 노애와의 불륜이 남긴 상처 때문이었다. 비천한 환관과 자신의 어머니와의 관계, 두 명의 이복동생의 존재는 진왕 정을 정신적으로 비참하게 했을 것이다.

더욱이 이러한 사실은 자신의 신하들에게 ‘공공연한 비밀’이었다. 그들은 알고도 모른 체하였다. 진왕 정은 저절로 인간에 대한 불신감과 냉혹함을 키워 갔던 것이다.

두 번째 공통점은 두 사람이 진왕 정을 위해 일하여 커다란 공을 세웠던 것이다.

국위 요는 진왕 정의 재상이 되어 다른 나라의 제후나 대신들에게 돈을 뿌려 그들의 협력을 혼란스럽게 했다. 왕전 역시 초나라군을 대패시킴으로써 진왕 정의 통일에 큰 기여를 했다.

국위 요와 왕전의 예에서 보듯이 두 사람은 진왕 정의 인격을 믿지 않았다. 그러나 그들은 진왕 정을 도와 통일에 기여하였다. 이런 점에서 진왕 정은 분명히 사람을 끌어들이는 그만의 카리스마를 가졌던 것 같다.

승냥이 같은 목소리를 가지고 이리와 같은 마음을 가졌던 진왕 정은 다른 사람들에게 공포감을 심어 주는 인물이었다. 그러나 공포만으로는 천하를 통일할 수가 없다. 그의 어떤 장점이 중국 지역을 통일하게 했을까?

앞에서 보았듯이 그는 초(楚)나라와의 전쟁에서 이신(李信)이 패배하자 왕전에게 직접 가 자신의 실수를 인정했다. 진왕 정은 잘못을 했을 때 그것을 숨기지 않고 솔직하게 인정하는 면을 가지고 있었다.

이와 함께 그는 나라의 중요한 정책을 신중하게 결정하였다. 여러 신하들에게 충분히 의견을 물은 다음 일을 처리했다.

더욱이 진왕 정은 근면한 군주였다. 이 시기에는 종이가 아직 발명되지 않았다. 그는 오늘날의 무게로 치면 30kg이나 되는 대나무 조각으로 된 문서인 죽간(竹簡)을 매일 검토했던 것이다.

진왕 정은 야망을 가지고 있었다. 그는 주변 여섯 나라를 침략하는 전쟁을 일으켰다.

중국 지역을 통일하기 위한 전쟁이 시작됐다. 그 정복은 처음 한(韓)나라를 멸망시킨 기원전 230년에서부터 마지막으로 제(齊)를 멸망시킨 기원전 221년까지였다. 9년이라는 짧은 시간이었다. 그가 세운 통일왕조인 진(秦)나라는 영토면적이 300만㎢에 달했다.

이로써 550여 년간 계속된 춘추전국의 분열 시기는 끝나고 중국 최초의 중앙집권적 통일제국이 이룩되었다. 중원을 통일하였을 때 그의 나이는 39세에 불과했다.

진왕 정 때부터 중국 지역은 통일과 분열을 거듭하였다. 이전 시기만 하더라도 춘추시대의 강력한 다섯 나라와 전국시대에 각축을 벌였던 일곱 나라에서 보듯이 중국 지역은 분열되어 있었다.

만약 진왕 정이 통일하지 못했다면 중국 지역은 어떻게 되었을까? 이 지역은 유럽과 같이 여러 국가로 나누어져 각각 독립적인 문화와 언어를 가졌을 가능성이 높다. 실제로 지금도 중국 남부의 광동어와 북부의 북경어로는 대화를 할 수 없다. 이 점에 있어서 진왕 정은 정치적으로 중요한 영향을 미쳤다.

다시 중국을 통일할 무렵으로 이야기를 돌려 보자. 진왕 정은 전국시대의 강력한 국가들이었던 여섯 나라를 정복한 후 처음으로 황제(皇帝)라는 칭호를 만들었다. 중국의 전설적인 임금인 泰皇에서 태를 없애고 하늘의 신을 의미하는 帝를 붙여 황제라는 칭호를 사용한 것이다.

그는 이렇게 명을 내렸다.

"짐이 들은 바로는 태고(太古: 오랜 옛날)에는 호(號)는 있었으나 시호(諡號)가 없었다. 중고(中古)에는 호는 있고, 돌아간 후에 생전의 행장을 가지고 시호를 삼았다고 한다. 이렇게 하

는 것은 아들이 부친을 논하고 신하가 인군(人君)을 논의하는
것으로 이유가 없는 일이다. 짐은 이것을 좋다고 생각하지 않
는다. 이제부터 시호법을 고친다. 짐은 시황제(始皇帝)가 되고
후세에는 대수를 헤아려서 2세·3세에서 만에 이르기까지 제
위를 무궁하게 계승하겠다."
　(『사기』 진시황 본기)

　진왕 정은 스스로의 시호를 시황제라 칭했다. 그는 이제 진
시황제가 된 것이다.
　시호(諡號: 황제나 임금, 신하의 이름)는 황제나 임금이 돌
아간 후에 업적을 기려 정해지는 것이다. 이것은 전통적으로
이어져 온 관례였다. 진시황의 이러한 행위는 전대에도 없었
고, 후대의 어느 황제도 시도하지 않았다. 그의 이런 말은 자
신을 매우 높이 평가했기 때문에 나온 말이다.
　그런데 이부영 교수의 『그림자』라는 책에는 이와 관련된
예가 있다. 글을 인용해 보자.

　"자신을 매우 높이 평가하고 고상한 척하는 환자가 있었다.
그 환자가 그렇게 고상한 태도를 가진 데에는 현실적인 문제
가 있었다. 환자에게 술 중독으로 폐인이 된 형제가 있었던
것이다. 독일의 심리학자 융은 '그의 우월한 태도는 외부적인
상(相: 모양)이며, 동시에 내적인 상(相)으로서의 그의 동생(또
는 형)을 보상하고 있었다.'고 회상했다."

융의 분석을 진시황에게 적용할 수 있다.

진시황이 자신을 매우 높게 평가한 것은 왜일까? 이것은 그의 어머니인 태후와 환관인 노애와의 관계가 원인이었을 것이다. 그리고 그 속에서 낳은 두 명의 이복동생에 대한 심리적 보상이 잠재되어 있었던 것이 아닐까?

앞에서 보았듯이 진시황이 통일할 수 있었던 저력은 상앙이 시행했던 법가사상이었다. 그런데 중국의 기본 사상에는 유가(儒家)와 법가(法家) 두 가지가 있다.

유가는 공자(孔子)가 발전시킨 사상이다. 이 사상의 바탕에는 인간이 기본적으로 착하다는 생각이 전제되어 있다. 그러므로 국가는 어디까지나 도덕적 규범에 의해서 통치되어야 한다고 주장한다.

또 다른 사상인 법가는 한비자(韓非子), 상앙 등이 신봉했다. 법가는 인간은 본래 이기적이고 앞을 내다볼 줄 모르는 존재라고 하였다. 그러므로 국가가 엄한 법률과 형벌을 제정하여 이를 강제함으로써만 사회적 화합을 이룰 수 있다고 보았다.

상앙의 예에서 보듯이 진나라는 법가를 철저하게 실시했다.

진나라의 법률(진률)은 형법, 민법, 경제법, 행정법, 소송법, 군사법 등 각 분야를 포괄하고 있다.

크게는 국가관원의 임면과 작게는 동내 싸움에 이르기까지 기재되어 있다. 심지어는 모든 관리와 일반 백성의 의복과 신발, 모자에 대한 규정까지 있다. 진나라의 법률은 매우 세밀하고 가혹하였다.

진말(秦末)의 구체적인 판례를 통해, 이 시기 법률의 엄격함을 볼 수 있다. 소를 훔친 죄로 낙인(樂人), 강(講)이라는 사람이 유죄로 판결되어 형벌이 집행된 예가 있다. 이후에 강은 판결에 불복하여 재심을 요청하였다. 이때 그는 무죄로 판결되었다. 그런데 무죄로 판결되기 전에 집행된 형벌이 가혹했다. 강이 소를 훔친 죄로 그의 아내와 자식이 국가의 노비가 되고 재산은 몰수되었던 것이다.

소를 훔쳐 아내와 자식이 노비가 되고 재산이 몰수된다니, 법이 대단히 엄격하다. 또한 진나라에서는 "말을 훔친 자는 사형한다."로 되어 있다. 이 법으로 보아 진나라에서는 사람의 목숨이 말보다 경시되었다.

한편 「이년율령」(「二年律令」)이라는 법률에서는 다음과 같이 규정하고 있다.

"남편이 아내를 때린 경우, 무기를 사용하지 않았다면 비록 상처를 입혀도 무죄로 처리한다."

"아내가 남편을 때리면 더하여 무겁게 처벌한다."

이런 세밀한 법을 통해 진시황은 국민들을 통제하였다. 실제로 이것이 통치에 효율적으로 작용했다.

그러나 진나라의 법은 가혹했다. 국민들은 조금이라도 잘못이 있으면 죄수가 되어 강제노역에 동원되었다. 이러한 각박한 지배는 국민들의 반감을 불러일으킬 수밖에 없다. 장기적으로 진나라의 가혹한 법은 죄수들을 양산하여, 민심의 이반을 초래하였다.

실제로 진나라가 멸망한 후 일어났던 한(漢)나라의 가의(賈誼)라는 사람은 『과진론』(過秦論)이라는 글에서 진나라를 다음과 같이 비판했다.

"진이 숭상한 것은 형벌뿐이다. 환관인 조고가 2세 황제 호해에게 가르친 것은 옥사(獄事)일 뿐이고 살인을 풀 베듯이 하였다."

이와 같이 진시황은 가혹한 법과 형벌로 통일된 중국을 다스렸다. 또한 그는 각종 제도를 통일하였다. 문자·화폐·도량형의 단일화가 이루어졌다.

이와 함께 주목되는 것이 도로였다. 진은 6국을 통일한 후 그 면적이 10여 배로 확대되었다. 시황제는 치도(馳道)라는 순행용 도로들을 만들었다. 이 도로들은 황제가 사방으로 순행하기 위한 목적으로 만들어졌다. 치도는 수도인 함양을 중심으로 전국을 관통하는 공공도로였다. 도로들은 병력과 물자의 신속한 수송과 지방과 중앙의 행정업무를 빨리 전달하기 위한 수단으로 만들어진 것이다.

진시황이 순시할 때마다 크고 작은 80여 량의 마차 행렬이 따랐다. 그리고 1,200~1500명에 달하는 인원이 수행하였다.

이것으로 보아 도로가 얼마나 넓었는지 알 수 있다.

도로망의 정비로 전차와 민용차가 빠르게 다니게 되었다. 여기에서 나아가 진시황은 전국의 수레바퀴 간격을 통일하는 조령을 내렸다. 따라서 전차와 민용차의 바퀴 폭이 모두 엄격한 제한을 받았다. 수레의 두 바퀴 사이의 거리는 약 1.4m로 규정되었다.

진나라와 같이, 대제국을 건설하면 도로가 만들어진다. 로마제국은 통일을 이룩한 후 '왕의 길'이라는 이름의 전국을 관통하는 도로를 만들었다. 고구려 역시 한반도와 만주에 걸친 대제국을 건설하고 전국을 연결하는 도로망을 건설했다.

이를 통해 통치자는 관리를 보내고 조세수취를 하였다. 자연히 중앙집권이 효율적으로 이루어졌다.

도로망은 지방에서 반란이 일어날 때에 중앙군을 파견하여 용이하게 진압할 수 있도록 하는 데에도 유용하게 이용되었다.

그러나 도로를 의도적으로 만들지 않는 예도 있다. 조선의 예가 그랬다. 조선(1392~1910년)은 도로와 다리를 의도적으로 건설하지 않았다. 그 이유는 외부에서 침략했을 경우 그 공격이 쉽지 않게 하려는 데 있었던 것이다.

비슷한 예는 일본의 도쿠가와 막부(1603~1867년)에도 보인다. 막부는 도로와 다리를 놓지 않았다. 왜냐하면 지방에 근거지를 둔 영주들이 반란을 일으키더라도 쉽게 중앙에 오지 못하게 하려는 의도 때문이었다.

도로망의 건설은 진시황이 얼마나 진제국의 군사력에 자신을 가졌는가를 알 수 있다. 이런 점은 수도인 함양을 건설할 때에도 나타났다. 도시의 주위에 방어역할을 하는 성벽을 세우지 않았다.

결국 진시황은 현재 진나라의 군사력에 자신감을 가졌을 뿐, 미래의 진나라가 어떤 상황에 처할지는 예측하지 못했다.

그렇지만 진나라에서 실시된 엄격한 법가(法家)는 백성들을 고통에 빠지게 하였으며 진시황이 죽은 후에 민란이 전국 각지에서 일어났다. 민중들은 진시황이 건설한 도로들을 통해 함양으로 손쉽게 가서 성벽이 없는 이 도시를 간단히 점령했다.

진나라의 도로 건설이 전국의 길을 연결시켰다면, 분서갱유는 진시황의 사상 통일책이었다. 분서갱유(焚書坑儒)란 책을 불사르고(焚書) 유학자를 묻어 버렸다는(坑儒) 의미이다. 이를 실시한 목적은 국론을 통일하는 데 있었다.

분서는 시황제 34년(기원전 213년)에 다음과 같이 행해졌다.

"진나라를 비방하는 서적들을 모두 불살라 버린다.

무리를 만들어 『시』(詩)·『서』(書)에 대하여 의논하는 자는 사형에 처한다.

옛날 것을 옳게 여기고 현재를 비판하는 자는 그 일족을 멸한다.

진(秦)의 기록·박사관(博士官)의 책들·의약(醫藥)·점술과 농사에 관한 서적만 남기도록 한다."(『사기』 진시황 본기)

유교경전들이 이때에 불태워졌다. 이 분서정책에 대하여 유교를 공부하는 유생(儒生)들은 크게 불만을 품고 시황제를 비판하기 시작했다.

분서를 시행한 다음 해였다. 재상이었던 이사(李斯)라는 인물이 다급히 진시황을 배알하러 왔다. 그는 진시황에게 머리를 조아리며 아뢰었다.

"폐하, 드릴 말씀이 있습니다. 그런데 이런 일로 폐하께 말씀드린다는 것이 송구하옵니다."

옥좌에 앉아 있던 진시황은 의아해하며 물었다.

"무슨 일이오?"

"폐하를 잔인한 폭군이라고 비판하는 무리가 있사옵니다."

진시황은 얼굴이 벌겋게 달아올라 소리쳤다.

"도대체 그게 누구인가? 감히 짐을 비난하는 자가?"

이사는 가라앉은 듯한 소리로 말했다.

"예, 공자와 맹자를 따르는 유가의 무리들이옵니다."

진시황은 수염을 떨며 외쳤다.

"지금 당장 유생들을 체포하여, 구덩이를 파고 묻어 버려라."

진시황의 한마디에 유생 460명이 체포되어 구덩이에 생매장되었다. 이것이 유학자들을 산 채로 매장한 갱유이다.

분서갱유는 매우 중요한 사건이다. 이것은 법가 이외의 다른 사상을 인정하지 않겠다는 것이다. 사실 진나라가 부국강병을 한 것도 법가 때문이었다.

그러나 모든 인간이 결점을 가졌듯이 사상도 단점이 있기 마련이다. 법가는 가혹한 법을 지나치게 세밀하게 백성들에게 집행했다. 백성들은 항시 죄수가 될 가능성이 있는 가운데 생활해야만 했다.

장기적으로 이것은 국민들의 반발을 살 수밖에 없다. 이러한 법가의 단점을 유가(儒家)가 가지는 부드러운 점으로 보완할 수 있다. 유가는 인간을 긍정적으로 보고 도덕적으로 교화시킬 수 있다고 보기 때문이다.

그렇지만 진나라는 유가 자체를 완전히 없애 버리려고 했다. 진나라가 약해진 후, 숨어 있던 유가의 지지자들은 진나라를 미련 없이 버렸다. 진나라의 법에 질린 백성들은 진나라 붕괴의 토양이 되어 있었다.

그러므로 진시황의 사상 통일책인 분서갱유는 사실상 진제국 멸망의 단초를 열었다고 할 수 있다.

우리는 이러한 사상의 통일이 얼마나 무서운 결과를 초래했던가를 조선이 국시로 한 주자학(朱子學)에서 알 수 있다. 주자학은 중국 남송(南宋)시대의 주자(朱子)가 발전시킨 학문이다. 이 학문은 중화(中華)와 이적(夷狄)을 철저히 구분한다. 중화란 문화가 있는 한족(漢族)이며, 이적은 중화 바깥에 있는 오랑캐이다. 그리고 이적은 중화에게 받아들일 수 없는 이질적인 존재로 배척해야만 한다는 것이다.

이것은 남송시대의 주자가 산 현실과 역사인식에서 기인한다. 주자가 태어나기 이전에, 송나라는 거란족이 건국한 요

(遼)와 전쟁을 하였으나 패배하고 막대한 세폐를 바쳐야 했다.

뒤에는 여진족이 세운 금(金)의 침입을 받아 수도인 개봉(開封)이 함락되고 휘종(徽宗)과 흠종(欽宗) 두 황제가 포로로 끌려갔다(1127년 4월). 이들 황제는 마구간 속에서 비참하게 살아야만 했다.

1127년 5월, 남경에서 고종(高宗)이 즉위하니, 이른바 남송(南宋)시대가 개막되었다. 이때가 주자가 태어나기 3년 전이었다.

주자 당시 남송의 시대적 과제는 금(金)에 대해 원한을 갚는 것이었다. 그러나 당시의 정세는 국방력이 약해 나머지 '반의 영토'도 지켜 내기가 힘겨웠다.

이럴 때일수록 한족(漢族)으로서의 자부심이 필요했다. 이것이 한족인 중화(中華)와 이민족인 이적(夷狄)의 개념으로 나타났던 것이다. 당연히 이민족인 이적은 철저히 배척되었다.

이런 시대적 배경 아래, 주자는 법가(法家), 도가(道家), 불교(佛敎)를 모두 이단으로 배척했다. 그의 이단비판을 간단히 보자. 주자는 법가에 대해서는 '공리주의(功利主義)에 빠졌다.'고 지적하였다. 공리주의는 인의(仁義)를 무시하고 공과 이익만을 앞세운다. 이렇게 된다면 인간은 동물과 다름이 없다는 것이다.

도가와 불교에 대해서는 '나라를 다스리는 방법이 없다.'는 문제를 제기하였다. 나라를 다스리는 방법이 없는 것은 헛된 학문에 불과하다는 것이다.

문제는 주자학을 신봉하게 되면 다른 학문이나 사상을 이

단으로 배척하게 된다는 것이다. 주자학만이 정통이 되어야 했다. 주자학 이념은 조선(朝鮮)에 커다란 영향을 미쳤다. 조선은 주자학을 국시로 했던 것이다. 중국 지역에 한족(漢族)이 세운 명(明)나라가 망한 후, 여진족의 청(淸)나라가 들어섰다. 조선은 북방의 여진족을 오랑캐로 인식했다.

이때 조선은 스스로를 소중화(小中華: 작은 중화)로 자처했다. 18, 19세기에 서양세력들이 아시아에 밀려올 때도 이들을 이적(夷狄: 오랑캐)으로만 인식하고 배척하였다.

그토록 강고한 세력을 가지던 조선의 주자학은 서양과 일본의 침입에 어이없게 무너졌다. 조선은 가혹한 일본의 식민 지배를 받아야만 했다.

일본 군국주의는 약 41만 명의 조선인 청년들을 전쟁터로 끌고 갔다. 그리고 남자 485만 명을 강제로 징용하여 가혹한 노동을 하게 했다. 여자들도 끌려갔다. 약 20여만 명이 전쟁터에 끌려가 성적으로 학대받았다고 추정된다.

그들은 조선인이라는 이유만으로 이름을 알 수 없는 남태평양의 섬들과 아시아의 각지에서 신음하거나 죽어 갔다.

18, 19세기에 조선이 서양의 과학기술·학문·종교 등에 포용성을 가졌다면 이런 일은 없었을 것이다.

이 시기에 서양은 산업혁명을 통해 엄청난 속도로 발전하고 있었다. 산업혁명은 사람이나 동물의 힘이 아니라 증기기관이라는 새로운 동력을 이용해 나타난 변화이다. 증기기관을 이용하게 되면 동력을 쉴 새 없이 얻게 된다.

종래에 옷감을 만드는 데는 200명이 있어야만 했다. 이제는 같은 일을 단 한 사람이 동력을 이용하여 할 수 있었다.

새로운 에너지의 출현은 직조 기계와 같은 신형기계를 출현시켰다. 그리고 증기기관을 단 철도와 배가 등장했다.

특히 증기기관을 단 배는 서양인들을 신대륙으로 몰고 갔다. 예전의 배는 돛을 단 범선이었다. 바람의 영향을 받아 운항이 제한적이었다. 증기기관을 단 배는 바람의 영향을 받지 않고 빠른 속도로 운항이 가능하다. 서양인들은 이를 이용해 전 세계로 진출했던 것이다.

우리나라 해안에도 19세기에 들어와 이양선(異樣船)이 출현했다. 우리가 이양선이라 부른 서양의 배는 바로 이 증기기관을 설치한 것이었다. 다른(異) 모양(樣)의 배(船)는 모양만 다른 것이 아니었다. 그것은 새로운 동력인 증기기관을 달았던 것이다.

그러나 주자학만을 숭배했던 조선의 지배계층은 서양의 기술과 문물을 배척하고 외면했다. 그들은 주자학만을 주장했다.

우리는 여기에서 사상이 단순히 사람들의 생각에만 영향을 끼치는 것이 아니라 국민들의 생활과 국가의 장래에 너무나 큰 영향을 끼치는가를 잘 알 수 있다.

또한 진나라의 법가와 조선의 주자학의 예에서 보듯이 한 가지 사상만을 고집하는 것이 나라를 멸망에 빠뜨린다는 것을 분명히 볼 수 있는 것이다.

4. 진나라를 멸망시킨 진시황

중국 지역을 통일한 진시황은 건물을 짓는 일에 온 힘을 다했다. 그는 스스로 수도인 함양에 궁전의 건축을 기획했다. 아방궁을 짓기 시작했던 것이다. 아방은 원래 지명인데 아방궁은 임시로 붙인 이름이다.

진시황은 시황제 35년(기원전 212년)에 아방궁을 착공하기 시작했다. 그 규모는 동서 500보(680m) 남북 50장(113m)으로 두 개의 층으로 이루어졌다. 궁전 위층에는 1만 명이 앉을 수 있고 아래층에는 5장(丈)의 깃발을 세울 수 있을 정도로 거대했다.

아방궁을 만들기 위해 북방의 돌과 남쪽 초나라 땅의 목재를 가져왔다. 아방궁은 진시황이 재위할 때에 완공되지 못하고 2세 황제 때까지 공사가 계속되었다. 이 건물은 기원전 206년, 진을 정복한 항우(項羽: 기원전 232년~기원전 202년. 진 말기의 장군)가 불태웠다. 3개월간이나 그 불길이 꺼지지 않았다고 하니 그 규모가 얼마나 컸는가를 짐작할 수 있다.

이와 같은 공사는 강제적으로 이루어졌다. 강제노역에 동원된 사람들은 70만 명의 죄수들이었다. 이들은 진시황의 침략에 저항한 포로들과 가혹한 법률로 억울하게 죄인이 된 사

진시황릉

람들이었다.

당시 민간에는 "아방, 아방, 시황을 멸망시키네."라는 민요가 유행했다. 이러한 과시용 건축은 진 왕조 멸망의 중요한 원인이 되었다.

또한 진시황은 살아 있는 동안 자신의 능묘를 만들려고 하였다. 또 하나의 아방궁을 지하에 만든 것이다.

그는 즉위하자마자 수도인 함양에서 멀지 않은 여산(驪山)에 자신의 능을 건설하도록 명령하였다. 중국 지역을 통일한 다음에는 공사의 규모를 더욱 확대했다. 모두 70만 명의 죄인이 동원되었다. 이 무덤을 조영한 시기는 기원전 246년에서 208년까지이니, 무려 39년간 공사가 진행되었다.

진시황은 50제곱킬로미터에 이르는 무덤 부지를 마련했다. 그는 여기에 묻을 부장품들을 마련했다. 최근에 고고학자들은 현대 과학을 이용하여 그 실체를 밝혀내고 있다. 진시황이 묻혀 있는 지하 궁전은 봉토 아래였을 것으로 추정된다.

지하 궁전의 묘실과 담장은 모두 석조 구조물이었음이 밝혀졌다. 지하 궁전은 1만 2천여 제곱미터로, 묘실은 동서 170미터, 남북 145미터였다. 이것은 사마천의 『사기』에 기록된 내용과 비슷하다.

『사기』 진시황 본기는 능묘에 대해 다음과 같이 적고 있다.

"동원된 사람들은 깊숙이 파 들어갔다. 그들은 청동으로 바닥을 깔고 그 위에 관을 안치했다. 그들은 모형으로 궁전·누각·집무실의 본을 만들었으며, 멋진 그릇과 진짜나 모형으로 만든 일용품과 사치품을 운반해 그 안에 가득 채웠다.

기술자들은 땅을 파고 침입해 들어오려는 자가 있으면 저절로 발사되도록 큰 궁전(弓箭: 활과 화살)을 만들어 놓았다.

수은으로 양자강과 황하, 큰 바다를 만들었다. 그리고 이들 강과 바다는 기계적으로 순환되도록 장치했다. 위에는 하늘의 별자리를 장식하고, 아래에는 땅의 모형을 만들었다.

금·은으로 새를 만들었으며 옥을 쪼아 소나무를 만들었다. 마차는 바닥에 진열했다. 도롱뇽의 기름으로 등불을 만들어 영원히 탈 수 있도록 했다."

이 기록에 따르면 진시황이 능묘 안에 대량의 수은을 넣어서 양자강과 황하 등을 상징했다고 되어 있다. 수은은 상온에서 액체가 되는 유일한 금속이다. 그 색깔은 은백색을 띤다.

최근 과학적 조사로 능묘 안에는 100톤의 수은이 저장되어 있다는 것이 밝혀졌다.

그런데 온갖 고생을 하며 능묘를 만들었던 사람들은 죽임을 당했다. 능묘의 기밀이 누설되는 것을 막기 위해서 묘도에 그들을 가두어 생매장시켰던 것이다.

진시황은 이와 같이 대규모 토목사업을 통해 백성들을 괴롭혔다. 진의 인구는 당시 2천만 명 전후로 추정된다.

그 가운데 아방궁과 여산 능묘 건설에 각각 70만 명이 끌려갔다. 남월에 대한 침략에도 50만 명이 불려 갔다. 흉노 공격에 동원된 군사는 30만 명, 만리장성의 건설에 투입된 인원은 50만 명이었다. 여기에 잡역을 포함한다면 모두 300만 명이 넘는 엄청난 인원이 동원되었다고 한다. 이것은 총인구의 15% 정도이다.

만리장성

이때 백성들의 상황을 다음의 기록은 잘 보여 준다.

"진(秦)의 시황제에 이르러 드디어 천하를 통일했다. 그런데 안으로는 큰 공사를 일으키고 밖으로 이적(夷狄)을 물리치기 위해 수확의 2/3를 세금으로 거두었다. 마을의 왼쪽에 살고 있는 죄인이나 가난하고 약한 자들을 징발하여 변경을 지키게 했다.

남자들이 힘써 농사지어도 군량을 대기에는 부족했고, 여자들이 길쌈을 해도 옷을 입기에는 부족했다. 천하의 재물을 다 써서 그의 정책 집행을 지원하려 해도 오히려 바라는 것을 채우기에는 여전히 부족했다. 이렇게 되니 천하 사람들이 근심하고 원망하였다. 드디어 이들은 도망하고 반란을 일으켰다." [『한서』 식화지상(『漢書』 食貨志 上)]

위의 『한서』 식화지의 기록에 따르면, '진나라 농민들의 요역(徭役: 백성들이 무상으로 나라에 자신의 노동력을 제공하는 것)은 옛날에 비해 30배에 이른다.'고 되어 있다. 사람들은 요역에 동원되는 동안 생활에 드는 비용 역시 스스로 부담해야만 했다. 식사마저도 국가가 제공하는 것이 아니라 자기가 해결해야만 했다.

강제로 동원된 사람들은 당연히 농사 등 생업에 종사하지 못한다. 그렇다면 그들에게 딸린 식구들의 고통은 얼마나 컸을까 짐작하기 어렵지 않다. 이러고도 나라가 망하지 않은 것이 이상한 것이다. 진시황이 재위하는 기간 동안에 진나라는 멸망할 조건을 갖추어 나가고 있었다.

이러한 불만이 진시황에 대한 암살로 시도되기도 했으나 실패로 끝났다. 역사서에 기록되어 있는 것만 보더라도 형가·고점이(高漸離)·장량에 의한 세 번에 걸친 암살 시도가 있었다.

그 후, 진시황은 멸망시킨 여섯 나라의 신하들을 가까이하지 않았다. 중요한 것은 이때 진시황의 심리상태이다. 그는 그런 일을 당한 이후 잠을 제대로 자지 못했다. 남을 의심했기 때문이다. 그래서 늘 자신의 거처를 옮겼다. 진시황이 항상 그의 거처를 바꾸었다는 것은 그가 가진 불안과 공포를 잘 말해 준다.

진시황이 죽기 전해인 시황제 36년(기원전 211년), 하늘에 이상한 징조가 나타났다. 『사기』 진시황 본기에는 형혹(熒惑: 화성)이 심성(心星)의 중심부에 접근했으며 운석(隕石)이 동군(東郡)에 떨어졌다고 기록되어 있다.

그런데 고대인들은 천재지변을 단순한 자연현상으로 보지 않았다. 그들은 천재지변을 하늘의 경고나 분노로 보았던 것이다. 이러한 재이는 진시황이 만든 제국이 하늘의 인정을 받지 못했다고 해석되었다.

천문관은 천재지변을 진시황에게 보고하였다. 진시황은 몹시 불쾌했다. 보고를 하던 천문관이 말을 더듬으며 아뢰었다.

“폐하, 무엄한 일이 있어 감히 말씀드리기가 주저되옵니다.”

진시황은 거칠고 날카로운 소리로 물었다.

“짐은 만물을 다스리고 만인의 위에 있다. 짐이 모르는 일이 있어서야 되겠는가? 어서 고하라.”

“폐하, 동군에 떨어진 운석에 글이 새겨져 있었습니다. 그 글에 ‘시황제가 죽고 땅이 갈라질 것이다.’라고 새겨져 있었습니다.”

진시황의 얼굴이 벌게졌다. 그는 옥좌에서 벌떡 일어나 눈을 부라렸다.

“여봐라, 지금 당장 동군에 어사(御使)를 파견하여 범인을 조사하라.”

어사는 동군에 파견되어 그 지방 주민들을 샅샅이 조사했지만 범인을 찾을 수 없었다.

그는 궁전에 들어와 진시황을 만났다. 진시황은 옥좌에 비스듬히 앉아 어사를 노려보며 말했다.

“그래, 범인을 찾았는가?”

어사는 승냥이 같은 목소리로 날카로운 눈빛과 함께 물어보는 진시황을 보자 저절로 몸이 떨려 와 아뢰었다.

“그, 그게, 폐하. 아무리 조사해도 범인을 색출할 수 없었습니다.”

진시황은 이를 악물었다. 그리고 세차게 소리쳤다.

“동군에 사는 놈들을 모조리 죽여라. 감히 짐에 대해 무엄한 말을 하다니. 살려 둘 수 없다.”

순간, 진시황 주위에 있던 시종들과 어사의 몸이 굳어 버렸다.

진시황은 벼락같이 외쳤다.

"무엇을 하느냐. 바로 시행해라."

진시황은 운석 근처에 살던 주민들을 모두 죽였다. 그는 사람의 생명을 너무나 가볍게 보았다.

다음의 예도 진시황의 인명경시 성향을 보여 준다.

어느 날 진시황이 양산궁(梁山宮)에 갔을 때의 일이다. 그가 산에 올라갔을 때, 산 아래에서 재상인 이사(李斯)가 호화로운 수레를 타고 많은 사람들을 거느리고 가는 것이 보였다. 멀리서 이 모습을 본 시황제는 기분이 좋지 않아 불쾌한 심정을 시종들에게 이야기했다. 시종들 중의 한 사람이 이 사실을 이사에게 알려 주었다. 그러자 이사는 크게 당황했다. 그는 수레를 조그만 것으로 바꾸고 수레를 끄는 사람의 수를 줄였다.

뒤에 진시황은 자신의 말이 누설되었음을 알게 되었다. 그는 자신의 말을 이사에게 알린 자를 조사했으나 찾지 못하자 자신의 곁에 있던 사람들을 모두 죽이라고 명령했다.

국가의 중요한 기밀이 새어 나간 것도 아니다. 그런데도 진시황은 자신의 말을 누설한 사람을 찾지 못하자 시종 전원을 처형하였다.

공포 분위기 속에서 국가와 백성을 위한 간언이 제대로 이루어질 리가 없다. 결국 진시황의 잔인함과 폐쇄성이 진 제국의 활로를 막아 멸망에 이르는 하나의 원인이 되었던 것이다.

시황제는 전국을 다니며 풍물을 살피고 감찰하는 순행을 모두 다섯 번 하였다. 시황제 37년(기원전 210년) 마지막 다섯 번째 순행이 이루어졌다.

『사기』 진시황 본기에는 시황제가 이 순행 중에 병사하였다고 되어 있다. 이 책에, "서쪽 평원진(平原津)에 도착하자 병이 났다."고 하였으며, 7월 병인일에 "시황제가 사구(沙丘)의 평대(平臺)에서 세상을 떠났다."고 되어 있다.

진시황이 병이 난 평원진은 산동성의 성도인 제남에서 서북으로 70㎞에 위치하며, 사구는 평원진에서 서쪽으로 12㎞ 된 지점이다.

『사기』의 기록으로 보아 진시황은 병으로 죽은 듯하다. 그렇다면 어떤 병이 진시황을 죽게 하였을까? 이것을 그의 음식에서 찾을 수 있다. 진시황은 다른 사람들이 먹지 않는 음식을 먹고 있었다.

진시황이 세상의 부귀영화를 영원히 누리기 위해 불로장생의 영약(靈藥)을 찾도록 하였다는 것은 잘 알려진 사실이다.

방사(方士: 신선의 술법을 닦는 사람)인 한중(韓衆)과 서복(徐福)을 해외에 보내 영약을 찾기도 했다.

또한 그는 방사들이 수은으로 만든 약을 지속적으로 복용했다. 늙지 않고 영원히 살기 위해서였다.

『사기』 진시황 본기에는 진시황이 죽음을 어떻게 생각했는지가 기록되어 있다. "진시황은 죽는다는 말을 싫어했기 때문에 신하들이 감히 죽는 일에 대해서 말하지 못했다."

그는 이러한 죽음에 대한 공포에서 벗어나기 위해 수은을 먹었다. 그런데 현대의학은 수은의 위험성에 대해 경고를 하고 있다. 수은을 장기적으로 섭취하면 중독증세가 일어난다. 이렇게 되면 신경계에 이상이 생겨 언어장애·운동장애 등 증상이 나타나고 심하면 온몸이 마비될 수도 있다. 지속적으로 수은을 섭취한 진시황은 몸과 마음이 황폐해져 갔을 것이다. 그러므로 수은 중독이 진시황 죽음의 원인으로 생각된다.

이렇게 늙지 않고 영원히 사는 것에 대한 집착은 어떻게 설명될까? 그는 다른 여섯 나라를 정복할 때만 해도 목표가 있었다. 통일이 그것이다. 이를 위해 근면하게 행동하고 능력이 있는 사람에 대해 겸허하게 처신한 적도 있었다.

그러나 그의 목표인 통일은 달성되었다. 이와 함께 그는 모든 것을 다 가졌다. 천하의 사람들이 그의 앞에서 고개를 숙였다.

그에게는 통일과정에서의 절박한 긴장감이 없어졌다. 공허감이 몰려왔을 것이다. 불로장생의 명약을 찾으려 한 것도 이러한 심리적 변화와 관련된 것은 아닐까?

심리적인 면에 있어서 불안과 공포도 그의 죽음의 원인이 되었을 것이다. 여러 번의 암살 위협을 피한 진시황은 내면 깊숙이 불안과 공포를 가졌으며 이것이 그의 육체를 병들게 했을 것이다.

진시황의 뒤를 이어 제위에 오른 이가 2세 황제 호해(胡亥)이다. 그는 진시황의 막내아들이었다. 『사기』의 이사 열전(李斯 列傳)에는 호해 때의 상황이 다음과 같이 묘사되어 있다.

"2세 황제(호해)는 다시 법을 바꾸었다. 그리하여 여러 신하와 공자(公子: 왕자)들 중에 죄를 지은 자를 가려내어 환관인 조고에게 맡겨 조사하고 처형하도록 했다.

이렇게 하여 대신 몽의(蒙毅) 등이 물러났다. 공자 12명은 함양의 시장에서 공개 처형되었으며, 공주 10명은 두현(杜縣)에서 기둥에 묶인 채 창에 찔려 죽었다. 재산은 모두 몰수되었다. 연루된 자가 이루 헤아릴 수 없었다. (중략) 법령에 따라 죽이고 벌하는 일이 더욱더 가혹해지자 신하들이 스스로 위협을 느껴 모반하려는 자가 많아졌다. 계속해서 아방궁(阿房宮)을 지었다. 곧게 뻗은 큰길(直道)과 넓은 길(馳道)을 만드느라 세금은 더욱더 늘어났고 변방에 부역하는 징발이 그치지 않았다. (중략) 처벌하는 것이 더욱 엄격해졌고 백성들로부터 세금을 많이 걷는 자가 현명한 관리라고 했다.

그 뒤 길에 다니는 사람의 절반은 형벌을 받은 사람들이고, 시장 바닥에는 사형당한 사람들의 시체가 날마다 쌓여 갔다. 이렇게 되니 사람을 많이 죽인 관리를 충신이라고 했다."

위의 글은 호해가 즉위한 후의 상황을 생생하게 그리고 있다.

그런데 『사기』의 본기에는 진시황의 아들인 공자 장려(將閭)가 사형을 선고받았을 때의 상황이 나온다.

공자 장려와 다른 두 형제는 궁전에서 호해가 보낸 관리에게 잡혔다. 관리는 냉랭하게 말했다.

"그대는 신하의 도리를 다하지 않았으므로 그 죄는 사형에 해당된다. 이에 형리를 파견해서 형을 집행한다.”

장려는 승복하지 않고 외쳤다.

“터무니없는 말이다. 나는 조정의 의식이 있을 때는 언제나 의례관(儀禮官)을 따라 행동했으며 조묘(祖廟)의 의식에 있어서도 순위를 다툰 적이 없었다. 또한 명령에 의하여 손님을 맞이하는 자리에서도 말과 행동을 함부로 한 적이 한 번도 없었다. 어째서 신하된 도리를 다하지 못했다고 하는가? 그 이유를 알기 전에는 절대로 죽을 수 없다.”

관리는 강경하게 말했다.

“저는 조정의 의논에 참석하지 않았습니다. 다만 조칙을 받들고 집행할 따름입니다.”

장려는 하늘을 우러러 세 번을 울부짖었다.

“이런 것이 천명이라고 하는 것이냐? 하지만 나에게는 아무 죄도 없다.”

3형제는 부둥켜안고 눈물을 흘리며 같이 칼을 뽑아 자결했다.

장려의 말은 의미심장하다. 진시황의 아들인 장려는 한 번도 국법을 어기지 않았다. 그러나 장려는 아무리 법을 잘 지켰어도 호해에게 죽임을 당했다. 호해가 멋대로 만든 법이 장려를 겨냥했기 때문이다.

『사기』에 기록된 진시황의 아들과 딸, 대신들에 대한 처형을 알려 주는 유적이 1976년 10월에 발견되었다.

그것은 진시황릉 옆에 있는 순장묘에서 나왔다. 순장묘 발굴자들은 진시황릉 동쪽에서 17기의 순장묘를 발견하였다. 그들은 8기에 대해 시험발굴을 했다. 매장 구조는 모두 경사진 갱도가 나 있는 갑(甲) 자 형태였다. 금 장신구, 은 두꺼비, 옥패, 칠기, 비단, 구리검, 인장 등 진기한 부장품이 출토되었다. 부장품으로 볼 때, 묘의 주인공은 황실의 종친이거나 귀족, 대신들인 것으로 판단된다. 정교하게 만들어진 거대한 관곽도 묘 안에서 발견되었는데, 이것은 일반평민들이 사용할 수 없는 것이었다.

이 순장묘는 호해 때에 피살당한 왕자나 공주 또는 대신들의 것으로 생각된다. 왜냐하면 관 내부에 유골이 흐트러져 있고, 무기로 인한 상처의 흔적이 있었기 때문이다.

어떤 뼈는 다리 부분이 관 옆의 황토에 묻혀 있고, 두개골은 관 뚜껑 위에 올려져 있었다. 또 어떤 유골은 머리는 관 밖에 있고 다른 뼈는 관 안에 있었다.

이러한 호해시대의 가혹한 형벌을 호해 탓으로만 돌릴 수 있을까? 호해가 한 행동은 진나라의 법가에서 비롯된 생명경시 풍조에서 비롯된 것이었다. 말을 훔치면 처형되는 법이 그것을 잘 보여

화살을 맞은 두개골
(진시황릉 순장묘 출토)

주고 있다.

호해의 가혹한 정치는 진나라의 분열을 초래했다. 『사기』에 기록된 대로, 사람들은 법과 형벌로 위협을 느껴 반란을 꾀하고 있었다.

진시황이 죽은 다음 해(기원전 209)에 농민인 진승(陳勝)과 오광(吳廣)이 반란을 일으켰다. 이 반란은 중국 역사상 최초로 농민이 일으킨 것이었다. 『사기』는 너무나 현실감 있게 이 사실을 기록하고 있다.

"진승은 깨진 항아리의 주둥이를 벽에 끼워 창으로 삼고 새끼를 늘어뜨려 문을 대신할 만큼 가난한 집의 자식이었다. 천하고 일정한 거처도 없었다. 재능은 보통사람에도 미치지 못했으며 현명하지도 부유하지도 않았다. 그런 그가 사졸들 속에 섞여 있다가 수백 명의 무리를 이끌고 진나라를 공격했다. 이때 나무를 꺾어 무기를 만들고 장대를 세워 깃발을 걸자 천하의 사람들이 구름처럼 모여들어 호응했다. 산동(山東)의 호걸들이 모두 일어나 진을 멸망시켰다."(『사기』 진시황 본기)

위의 글에서, '나무를 꺾어 무기를 만들고 장대를 세워 깃발을 걸자 천하가 호응했다.'는 구절은 의미심장하다. 진나라는 중국 지역을 통일할 만큼 강력한 군사력을 가졌다. 그들은 철제 무기와 갑옷, 그리고 말로 무장했다. 나무로 만든 무기를 들고 싸운다면 진나라의 군대에게 질 게 뻔하다. 질 것을 알면서도 천하의 모든 사람이 끊임없이 호응했다. 장대를 세워 깃발을 걸기만 하였는데도 사람들이 모여들었던 것이다.

이와 같이 진시황이 죽은 지 얼마 되지 않아 반란이 빈발하기 시작했다. 이 점은 진 제국의 기반이 얼마나 허약했는지를 말해 준다.

이렇게 된 중요한 원인이 법을 잔인하게 적용하였기 때문이다. 그 예로 한 제국(漢 帝國)을 세운 유방의 거병(擧兵)을 들 수 있다. 2세 황제 초에 유방은 오늘날의 동장격인 정장으로 있었다. 그는 노동형을 받은 죄수를 인솔하여 여산 능묘가 조성되고 있는 곳으로 출발했다. 그런데 도중에 도망자가 속출하였다.

진나라의 법률에 따르면 유방은 무거운 처벌을 받아야 했다. 그는 이를 두려워하여 풍읍의 서쪽인 택지에서 남은 무리를 해방시키고 반란을 일으켰던 것이다.

말할 것도 없이 진나라에게 멸망되었던 지배계층들도 봉기했다. 진나라가 멸망시킨 여섯 나라들의 지배계층은 정치·경제·군사적으로 진나라에 복속되었다. 그렇지만 그들은 진정으로 진나라에게 복종하지 않았다. 진나라를 문화수준이 저급한 오랑캐의 국가로 멸시했던 것이다.

이 점은 고고학 자료에서도 알 수 있다. 진나라 지역과 인접한 산서성과 호북성 지역에서만 진나라의 문화적 양식을 가진 무덤인 진묘(秦墓)가 발견되었다. 그 외에 산동·강소·안휘성 등은 그 지역에 본래 있었던 국가의 전통적 유물만이 출토된다. 그것은 진나라의 문화가 이들 지역을 통제하지 못했음을 말한다.

『사기』에는 진시황의 장남인 부소(扶蘇)가 진시황에게 한 말이 기록되어 있다.

"천하는 가까스로 안정되기 시작했을 뿐이며 먼 곳의 백성은 아직도 진나라에 귀속하지 않았습니다."

고고학의 유적과 유물이 『사기』에 기록된 부소의 말과 일치한다는 점이 흥미롭다.

결국 가혹한 법과 형벌로 민심은 완전히 돌아섰다. 이로 인해 통일제국이었던 진나라는 진시황이 죽은 후 불과 3년 만에 붕괴되고 말았다.

진나라가 멸망한 근본 원인은 무엇일까? 우리들에게 던져주는 교훈은 무엇일까? 다시금 되씹어 보자.

첫 번째는 법가를 가혹하게 실행했으며, 세금과 요역이 굉장히 무거웠다는 점이다. 먼저 법을 보자. 진나라 법은 지나치게 가혹했다. 실제로 진나라가 급격하게 무너진 것은 혹독한 법과 형벌을 두려워하여 반란이 벌 떼같이 일어났기 때문이었다. 이때 법은 오히려 반란을 부채질하는 도구가 되어 있었다.

세금 역시 무척 무거웠다. 3분의 2를 토지세로 거둘 정도였다. 노동력을 수취하는 요역 역시 '옛날에 비해 30배에 이른다.'고 할 만큼 가혹했다.

위와 같은 역사의 교훈을 받아들여 새로운 정치를 연 국가
가 진나라를 이은 한(漢)나라였다. 한나라는 살인, 강도 이외
의 범죄에 대한 형법을 폐지했다. 그리고 진나라의 법률과 제
도를 대부분 채용하되 백성들의 잘못을 마구 적발하지 않도
록 하였다.

이를 바탕으로 한나라의 문제(文帝)와 경제(景帝) 시대에 나
라는 안정되고 백성들이 풍요롭게 되었다. 문제와 경제의 앞
글자를 따 이 시대를 문경지치(文景之治: 문제와 경제의 다스
림)라고 부른다.

문경지치의 출현은 황로지학(黃老之學)과 밀접한 관련이 있
다. 황로지학은 도가를 위주로 하여 법가, 유가 등을 결합한 사
상이었다. 이 사상은 백성들의 생활에 간섭하지 않고 자유롭게
풀어주는 정책인 무위(無爲)의 정치를 펼칠 것을 주장했다.

그 정치방법은 '금지의 법망을 느슨하게 하고', '관대함에
힘쓰고', '형벌을 크게 줄이는 것'이었다.

이와 함께 세금을 가볍게 했다. 한나라 고조(高祖)는 토지세
로 15분의 1을 받았다. 문제 때 토지세를 30분의 1로 감면하였
다. 그 뒤 경제 원년에, 30분의 1로 하기로 한 것이 확립되었
다. 노동력을 징발하는 요역도 1년에 한 차례에서 3년에 한 차
례로 줄였다.

이렇게 되자 농민들은 생활이 여유롭게 되고 인구는 증가

하여 진나라와는 다른 안정이 찾아왔다.

문제와 경제 대에는 풍요롭고 활기찬 상황이 벌어졌다. 이때의 상황을 『한서』(漢書) 식화지(食貨志)는 다음과 같이 전하고 있다.

"수도와 시골의 식량창고는 가득 찼다. 수도에 돈이 쌓이고 쌓여서 돈을 묶는 끈이 문드러졌다. 큰 창고의 곡식이 계속 쌓여 가득 차서 밖으로 흘러넘쳤다. 넘친 곡식들을 큰 창고의 바깥에 쌓아 놓았더니 썩어서 먹을 수 없을 정도였다."

'곡식이 썩어서 먹을 수 없을 정도였다.'는 표현은 진나라와 완전히 대비된다. 진나라의 백성들은 생업인 농사도 포기한 채 강제노역에 동원되어야만 했었다. 그들은 굶주렸다.

진나라를 멸망으로 이끈 두 번째 원인은 진시황의 심리였다. 이 점을 앞에서 보았던 『그림자』라는 책에서 살펴보자.

"나치 독일은 유대인을 배척하고 학살하였다. 그들에게 유대인은 마음대로 죽여도 좋은 버러지 같은 존재로 보였기 때문이다. 사람이 어떤 사람들을 마음대로 죽여도 좋은 쓰레기 같은 존재로 보았다면 그는 이미 인간이 아니다. 생사여탈권을 마음대로 행사하는 초인이나 신 또는 악마인 것이다. 그들은 그처럼 스스로를 초인과 동일시하며 그들 자신의 열등하고 병적인 인격, 부도덕한 인격 측면, 심지어 비인간적 타락성을 유대인에게 투사하였던 것이다."

위의 글은 진시황에게 그대로 해당된다. 앞에서 보았듯이 진시황은 어머니인 태후에 대한 간언을 한 것만으로도 신하들을 27명이나 처형하였다. 그리고 유학자 460명을 체포하여 구덩이를 파고 생매장한 적이 있다. 자신의 말이 누설되었음을 알고 찾지 못하자, 시중드는 사람들을 모두 죽이라고 하기도 했다.

진시황은 사람을 마음대로 죽이는 생사여탈권을 가진 존재였다. 이때 그는 인간이 아니었다. 그는 초인이나 신 또는 악마인 것이다.

이런 점은 『사기』의 기록으로 확인된다. 진시황이 꿈에서 바다의 신(海神)과 싸웠는데 그 모습이 사람과 흡사하여 꿈을 해몽하는 점몽박사(占夢博士)에게 이 일을 물었다는 것이다.

진시황이 꿈속에서 바다의 신과 싸웠다는 것은 그 자신을 초인·신 또는 악마로 여겼던 심리의 반영으로 생각된다. 그러나 진시황은 초인이나 신이 아니었다. 그는 악마였다.

신화에 등장하는 인물들 중에 가장 무서운 것이 메두사이다. 메두사는 머리카락이 모두 뱀이다. 섬뜩하게 노려보는 눈에 멧돼지의 어금니를 가진 여신(女神)이다.

이 무서운 메두사와 싸움을 할 때 메두사 등 뒤에 거울이 있으면 싸우는 사람이 미쳐 버린다고 한다. 메두사 보다 오히려 거울 속에 비친 싸우는 사람의 그림자가 훨씬 끔찍하기 때문이다.

진시황은 아무 잘못도 없는 사람들을 죽였다. 그가 싸운 메두사는 바로 그의 주위 사람들이었다. 그리고 메두사의 뒤에 비친 거울에는 진시황의 분노가 자리 잡고 있었다.

진시황의 분노는 무엇 때문에 나타났던 것일까. 그의 분노는 어머니인 태후에게서 비롯되었다. 태후는 진시황을 정성으로 가르치고 교육하지 않았다. 그녀는 그 시간에 노애와 동거하며 두 명의 아들을 낳았다. 태후는 진시황을 방치했다.

이와 관련하여 학대받고 자란 아이들에 대한 설문조사가 발표되어, 우리의 주목을 끌고 있다. 한국형사정책연구원(전영실 연구위원)은 2008년 7월 서울지역 남녀 초·중·고교생 2,056명(초등학생은 5, 6학년)을 상대로 최근 1년간의 피학대 경험을 설문조사해, 2009년 2월 16일에 「피학대 경험과 청소년 비행의 관계」라는 보고서를 냈다. 이 보고서에 따르면 아동·청소년기에 당한 여러 학대가 청소년기 비행과 의미 있는 상관관계를 보였다.

이 보고서는 학대의 유형을 방임(의식주·치료 소홀 등 5개 행위), 정서적 학대(고함·욕설·협박 등 5개 행위), 신체적 학대(손·발·도구 등을 이용한 폭행 등 9개 행위)로 나눴다.

가정에서의 피학대경험과 청소년의 비행은 상당한 연관성이 있었다. 보고서는 비행을 지위비행(음주, 흡연, 가출, 패싸움)·폭력(따돌림, 패싸움)·재산비행(갈취, 절도) 등으로 정의했다.

아동기부터 계속 방임을 당한 중학생의 전체 비행도(모든 비행을 매일 저지르는 경우 144점) 평균은 32.67점으로 그렇지 않은 학생(27.87점)보다 4.89점 높았다.

정서학대 경험이 있는 중학생의 비행(32.97점)도 경험이 없는 학생(26.97점)보다 높았다.

고교생은 학대 유형 전반에 걸쳐 학대를 당한 학생이 그렇지 않은 경우보다 비행도 평균이 6.8~8.1점 높아 5점 안팎의 차이를 보였던 중학생보다 폭이 컸다.

보고서는 방임보다 정서·신체 학대가, 또 학대유형이 다양하고 복합적일수록 비행으로 이어지는 상관관계도 높았다고 진단했다.

진시황이 10대에 겪은 경험은 위의 보고서에 따르면 어떤 학대에 속할까?

어머니인 태후의 애정이 결핍된 것은 학대의 유형 중에 방임에 속한다. 또한 진시황에게 태후와 환관인 노애와의 관계는 고함과 욕설이 동반되지 않았을 뿐 철저한 정서적 학대였다. 거기다가 두 이복동생의 존재는 그를 정신적으로 공황상태에 빠지게 했을 것이다.

이러한 복합적인 학대는 10대 때에 진시황을 이미 폭력적으로 이끌었을 것이다. 『사기』를 지은 사마천은 10대 무렵 진시황의 구체적인 품성을 기록하지 않았다. 그러나 틀림없이 진시황은 그 시기에 폭력성을 가지고 이를 주위 사람들에게 행사했을 것이다.

정신의학에서는 사람의 성격이 어린 시절의 경험으로 인해 무조건 고착되는 것은 아니라고 한다. 그렇지만 진시황의 어린 시절에 문제가 있었던 것은 확실하다. 권력을 잡은 후 어른이 되어 그의 폭력성은 확대되고 재생산되었다.

그가 평생에 걸쳐 남을 배려하고 타인에게 덕 있는 행동을 하지 않은 것도, 아니 할 수 없었던 것도, 그 근본원인은 어머니인 태후의 복합적인 학대 때문이었다.

어머니의 학대와 노애에 대한 분노는 평생에 걸쳐 그를 괴롭혀 심리적으로 열등한 인간으로 만들어 갔던 것이다. 결국 진시황은 스스로를 초인이나 신과 동일시하며 그 자신의 열등하고 병적인 인격, 부도덕한 인격적 측면, 심지어 비인간적 타락성을 주위 사람에게 투사했다.

이러한 비뚤어진 심리상태는 신경계를 마비시키는 수은 중독으로 더욱 악화되어 갔다.

진시황과 완전히 대비되는 사람이 있다. 김수환 추기경(金壽煥 樞機卿)이 그이다. 그는 독재에 항거하면서도 인간은 누구나 고귀하다는 가치를 평생에 걸쳐 실천했다. 부유하거나 가난하거나, 높고 낮은 모든 이들을 사랑했다.

김수환 추기경은 자신이 한없이 볼품없는 사람이라는 것을 묵상하며 이웃을 사랑했다. 그는 이념과 계층, 종교를 넘어 많은 사람들의 존경을 받고 있다.

이에 비해 진시황은 독재를 행하며 약자에게 잔인했다. 그는 자신이 누구보다도 존귀하다고 이야기했다. 심지어 신과 같이 행동했으며 이웃을 잔인하게 다스렸다. 진시황은 그가 살던 시대에 중국 백성들의 원망을 한 몸에 받았다.

두 사람이 다른 점은 돌아간 후에 분명하게 드러난다. 진시황이 죽은 후에 중국의 백성들은 벌 떼같이 일어나 진나라에 맞섰다. 그러나 김수환 추기경이 선종하자 40만 명의 조문객이 자발적으로 명동성당에 몰려들었다. 그들은 한겨울의 추위 속에서도 고인을 애도하며 기렸다.

이렇게 이질적인 두 사람은 공통점을 가지고 있었다. 두 사람의 삶에는 어머니의 영향이 짙게 깔려 있었다. 진시황의 어머니에 대해서는 앞에서 살펴보았다. 김수환 추기경의 어머니는 어떤 사람이었을까?

『김수환 추기경의 신앙과 사랑』이란 책엔 김수환 추기경이 쓴 '어머니, 우리 어머니'란 글이 실려 있다. 김 추기경의 어머니 서중화 여사(徐仲和 女士)는 옹기장사를 하던 김 추기경의 아버지와 결혼한 후, 가난에 쫓겨 여기저기로 이사 다니며 옹기나 포목을 이고 다니며 파는 생활을 평생 동안 하셨다.

김 추기경의 어머니는 초등학교 1학년 때 아버지를 여읜 막내아들에 대해 '아비 없는 자식'이라는 말을 들어서는 절대로 안 된다고 했고, 그 때문에 자녀를 엄하게 키우셨다. 그래서 어머니의 명을 거스른다는 것은 상상도 할 수 없었다. 어머니는 매일 저녁 한참씩 긴 기도를 하셨고 김 추기경은 그 뜻을 잘 모르면서도 졸면서 어머니와 함께 그 기도를 마쳤다.

그러시고도 자기 전에는 다시 성서나 옛 성인의 이야기나 혹은 우리나라의 고담 중 효자전을 읽어 주셨다.

김수환 추기경의 집은 참으로 가난했다. 늘 초가삼간에서 살았고 대구서는 한 때 셋방살이도 했었다. 그러나 입는 옷은 깨끗했고 밥 또한 잡곡이 약간 섞인 쌀밥이었다. 이것은 그 당시 시골에서는 드문 일이었다.

어머니는 교육에는 엄하셨지만, 먹는 것 입는 것은 마치 부잣집처럼 먹이고 입히셨다. 그 대신 사치란 있을 수 없었고 심지어 엿이나 군것질도 할 수 없었다. 김 추기경은 후에 사람들로부터 부잣집 아들 같다는 말을 들은 적이 있었다. 다시 말하면 빈곤한 티가 나지 않는다는 것이다. 김 추기경은 그 이유가 순전히 어머니가 가난 속에서도 그를 귀하게 키우신 때문이라고 하였다.

김 추기경은 어머니를 이 세상에서 제일 소중한 분, 나를 있게 하고 나를 가장 사랑하신 분이라고 하였다. 그는 어머니를 남편과 자식들을 위하여 당신 자신을 비우고 또 비우신 분이라고 회상했다.

김 추기경과 그 어머니는 "훌륭한 사람 뒤에는 훌륭한 어머니가 있다."는 말이 참이라는 것을 알려 준다.

우리는 진시황과 분명히 대비되는 김수환 추기경을 통해, 어머니의 사랑과 교육이 한 인간에게 중요한 영향을 끼친다는 것을 절실히 알 수 있다.

진나라는 양공(襄公: 기원전 778년~기원전 766년 재위)이 건국한 유서 깊고 전통 있는 왕조였다. 그런데 진시황(기원전 247년~기원전 210년 재위)이 죽은 지 불과 3년 만에 진나라는 멸망하였다(기원전 207년). 600년에 가까운 역사를 자랑하던 진나라는 허무하게 무너졌다.

진나라를 멸망시킨 진시황을 만든 것은 여불위와 자초와 태후였다. 여불위는 무작정 돈을 좇았고, 자초는 오로지 권력을 갈구했다. 태후는 정욕에 눈이 멀었다. 세 사람은 목표를 이루었다.

그러나 여불위는 진시황 때문에 자살했다. 자초 역시 그가 갈망하던 왕위에 오른 후 3년 만에 죽었다. 태후의 아들인 진시황은 태후가 노애와의 사이에 낳은 두 아들을 죽였다. 진시황의 막내아들인 호해는 22명의 형제와 누이들을 잔인하게 처형했다.

진시황을 살펴보며 우리는 어머니의 자식에 대한 사랑이 한 사람의 인격에 얼마나 결정적인 영향을 끼치는가를 알 수 있었다. 또한 한 나라 지배자의 인성이 얼마나 많은 사람들에게 큰 영향을 미치는지를 볼 수 있었다.

결국 한 사람, 어머니의 힘은 수많은 사람들에게 영향을 주었던 것이다.

고구려 장수왕의 불안과
한강 유역 장악

1. 장수왕의 불안

고구려(高句麗)의 장수왕(長壽王)(394년~491년 생존, 413년~491년 재위)은 오래 살았다. 그는 98살까지 살았다. 그래서 그의 묘호(廟號: 왕의 이름)도 장수왕이다. 나라를 다스린 해도 79년이나 된다.

장수왕은 광개토왕(廣開土王)의 큰아들이었다. 『삼국사기』(三國史記)에 장수왕은 매우 뛰어난 인물로 기록되어 있다. 그는 외모와 재주가 뛰어났으며 의지와 기개가 호탕하고 인품이 뛰어났다는 것이다.

그의 재위 시기에 동아시아에는 격동의 바람이 몰아치고 있었다. 북중국에서는 북위(北魏)가 강력한 군사력을 기반으로 다른 나라들을 정복하고 있었으며, 한반도에서는 신라(新羅)와 백제(百濟) 사이에 고구려를 견제하는 나제동맹(羅濟同盟)이 체결되었다.

무대를 435년 10월 15일, 고구려의 수도인 평양으로 가 보자. 이날 밤하늘은 맑았다. 하늘에는 무수한 별들이 평양을 내려다보고 있었다. 고구려의 장수왕은 잠을 이룰 수가 없었다.

고구려는 이전인 427년에 커다란 모험을 감행했다. 만주의 국내성에서 한반도 북부의 평양으로 수도를 옮긴 것이다. 어

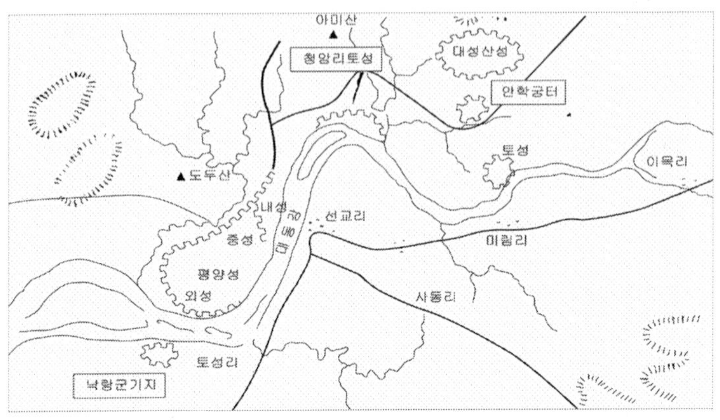

평양성부근

느 국가나 수도를 옮길 때는 기존의 세력들이 저항하게 된다. 고구려 역시 국내성에 있던 귀족세력들이 강하게 반발했다.

장수왕은 이들을 달래고 숙청하면서, 평양으로 천도했다. 평양으로 도읍을 옮긴 것은 국내성에 있던 귀족세력들의 영향력을 약화시키려는 의도가 있었다.

수도 이전은 국제정세의 변화와도 관련이 있었다. 북중국 지역에서 무서운 기세로 뻗어 나가고 있는 선비족이 세운 북위 때문이었다.

북위와 고구려 사이에는 북연(北燕)이라는 국가가 있었다. 북연도 결국 강력한 북위의 공격 대상이 될 것이 분명했다. 만약 북연이 북위의 영토가 된다면, 고구려와 북위는 국경을 접하게 된다.

이전에 고구려는 선비족(鮮卑族)이 세운 전연(前燕)의 공격으로 수도인 국내성이 함락되었던 뼈아픈 기억이 있었다(342

년). 따라서 남쪽에 있는 평양으로의 천도는 선비족이 건국한 북위를 의식하여 이루어졌다.

이와 함께 평양으로 도읍을 옮긴 것은 백제가 있는 남쪽으로 진출하여 영토를 확장하려는 목적도 있었다. 그 무렵 고구려의 주적은 백제였다.

여기에는 역사적인 이유가 있었다. 장수왕의 선대왕인 고국원왕(故國原王)이 백제와의 전투에서 전사했던 것이다(371년). 이때 많은 고구려 사람들이 희생되었다.

그 후 고구려는 소수림왕(小獸林王) 대에 절치부심하며 국력을 키웠다. 태학(太學)을 설립하여 유교이념을 가르쳤다. 유교는 충과 효를 강조한다. 자연스럽게 왕에 대한 충성을 유도하여 왕권을 강화시킬 수 있다. 이것은 왕을 중심으로 한 국력의 결집을 가능하게 했다.

또한 율령(律令)을 반포했다. 율령은 법률과 명령을 뜻하는 것으로 문자로 이루어진 성문법이다. 이전에는 법은 관리들에 의해 자의적으로 집행되었다. 성문법인 율령의 실시로 국가가 상과 벌을 주는 체계가 명확하게 정립되고 관청의 업무 분담이 확실해졌다. 이와 함께 왕실을 중심으로 불교를 받아들여 민심을 순화시켜 나갔다.

이런 국력 배양을 바탕으로 광개토왕(廣開土王)의 정복활동이 가능해졌다. 정복활동의 주요한 대상은 백제였다. 고국원왕의 원수를 설욕한다는 목표가 고구려인들을 결집시켰던 것이다.

　광개토왕 대의 정복활동과 강화된 국력을 바탕으로 장수왕은 백제가 차지하고 있던 비옥한 경기도 일대의 평야를 차지하려고 했다. 고대국가에 있어 국력은 대부분 농업생산력에서 판가름 나게 된다. 농업생산력이 많으면 백성의 생활은 윤택해진다. 이것은 강한 군대를 양성하는 물질적 바탕이 된다.

　장수왕은 이런 점을 염두에 두고 평양으로 도읍을 옮겼다. 평양으로의 천도는 오랜 기간에 걸쳐 사전에 충분한 조사와 검토를 통해 이루어졌다. 장수왕의 아버지인 광개토왕은 재위 2년(393년)에 평양에 9개의 불교 사찰을 지었다.

　고대국가였던 고구려(高句麗)와 백제(百濟)·신라(新羅)는 정치적으로 중요한 수도에 사찰들을 집중적으로 지었다. 광개토왕이 9개의 사찰을 평양에 건립한 것은 이 지역이 중요한 정치적 위치를 가졌다는 것을 말한다. 아마도 평양은 국내성을 대신할 수도로서 광개토왕 대에 검토되고 있었을 것이다.

　사찰 건립으로 보아 평양에서 도성(都城)과 왕성(王城)으로 기능했던 대성산성이나 청암동 토성·안학 궁성 등은 이미 도읍을 옮기기 전에 축조되었을 것이다.

　그러나 평양에 성곽과 궁궐을 짓는 과정에서 엄청난 비용과 노동력이 들었다. 이러한 비용과 노동력은 백성들이 고스란히 부담하게 된다.

　『삼국사기』기록을 보면, 고구려가 427년 평양으로 천도한 후에 436년 북위와 군사적으로 대치할 때까지 일체의 전쟁기록이 나오지 않는다. 이 점은 장수왕이 백제를 의식해서 남쪽

연가칠년명금동여래입상 높이 16.2cm,
국보 제119호, 국립중앙박물관 소장

으로 수도를 옮겼으나 백제를 공격할 역량을 갖추지 못했음을 말한다. 장수왕은 평양천도에 따른 백성들의 고통을 감안했던 것이다. 결국 그는 백성들을 의식해 남쪽으로 진출하려는 목적을 유보해 두고 있었다.

이 무렵에 그가 생각지도 못한 일이 벌어졌다. 바로 신라의 고구려에 대한 태도가 변하고 있었던 것이다.

일찍이 장수왕의 부왕인 광개토왕(374년~412년 생존, 391년~412년 재위)은 신라 내물왕(奈勿王: 356년~402년 재위)의 구원요청을 받은 적이 있었다.

내물왕은 399년에 신라 영토 안에 백제와 가야(加耶)·왜

(倭)의 군대가 연합해 가득 들어왔다고 하며 고구려에 구원을
요청하였던 것이다. 신라는 그야말로 위기에 처했다.

내물왕은 구원을 요청할 때에 스스로 광개토왕에 대해 노
객으로 자처했다. 노객(奴客)은 노예 같은 손님이란 뜻으로 내
물왕이 얼마나 절박한 상황에 있었는가를 잘 보여 준다.

내물왕과 왕비의 무덤으로 추정되는 황남대총

이에 광개토왕은 400년에, 5만의 보병과 기병을 보내 신라
에 침입한 백제·가야·왜를 물리쳐 주었다. 그뿐 아니라 고
구려군은 가야의 근거지인 낙동강 하류지역까지 진출했다.
만주에서 활동하던 고구려군대가 한반도 최남단에 나타났던
것이다. 고구려는 이 지역에 자리 잡고 있던 가야에게 큰 타
격을 입히고 낙동강 유역의 땅을 신라에게 주었다.

한편 고구려는 이 무렵 북중국에서 무섭게 뻗어 나가던 선비
족이 세운 후연(後燕)과 일진일퇴를 거듭하고 있었다. 후연은 광
개토왕의 주력군이 한반도 최남단에 간 사이에 고구려를 침략했
다. 후연은 국경선에서 고구려군 대부분이 사라진 것을 포착했던
것이다.

이에 따라 고구려군은 후연을 막기 위해 만주로 돌아갔다.
일부 고구려군과 관리들은 신라에 남아 있게 되었다.

신라 내물왕이 돌아가고 그 뒤를 이은 왕은 큰 아들인 눌지

황남대총 출토유물 [왼쪽] 금관, 국보 제191호. [오른쪽] 금제과대 및 요패.
국보 제192호. 국립경주박물관 소장.

가 아니라 실성왕(實聖王: 402년~417년 재위)이었다. 실성왕
은 내물왕이 왕으로 있을 때 고구려에 인질로 보내졌던 적이
있었다. 그는 이 일로 내물왕을 항상 원망했다.

실성왕은 즉위한 후, 신라 1000년의 역사에 왕으로서는 유
일하게 고구려의 수도인 국내성에 가서 조공을 하였다. 이 점
은 실성왕의 즉위에 고구려의 영향력이 작용했음을 말하는
것이다.

그러나 실성왕은 왕이 된 후, 외교적으로 고구려를 자극하
는 행보를 보였다. 고구려는 전통적으로 주적인 백제와 연결
된 왜를 적대시했다. 이 점은 이전에 광개토왕의 군대가 백
제·가야·왜의 연합군을 몰아낸 것에서도 알 수 있다.

실성왕은 내물왕에 대한 보복심으로 내물왕의 셋째 아들인
미사흔(未斯欣)을 왜에 인질로 보내 우호관계를 맺었다. 고구
려는 실성왕의 외교정책에 실망했다.

실성왕은 내물왕의 둘째 아들인 복호(卜好)도 고구려에 인
질로 보냈다. 이 역시 내물왕계에 대한 견제와 보복의 성격을
띠고 있었다.

복호는 고구려에서 유력한 왕족과 귀족들을 사귀었다. 이
것은 그가 인질이지만 포로로 잡힌 것이 아니었기 때문에 가
능했다. 더욱이 복호는 경주에서 가져온 선물로 이들의 환심을
샀다. 이전에 실성왕은 고구려의 수도인 국내성에 인질로 갔다
가 고구려의 힘을 빌려 즉위했었다. 복호 역시 인질로 가 고구
려의 유력한 인사들을 사귀어 그들을 자기편으로 만들었다.

이 무렵 신라의 수도인 경주에서 중요한 정변이 발생한다. 실성왕이 내물왕의 큰아들인 눌지를 죽이려 하다가 오히려 피살된 것이다. 다음 기록을 보자.

"실성왕은 전 왕의 태자 눌지가 덕망이 있음을 꺼렸다. 그는 눌지를 죽이고자 고구려군사를 청하여 거짓으로 눌지를 맞이하였다. 고구려 사람은 눌지가 어진 행실이 있음을 보고 이에 창을 돌려 실성왕을 죽이고 눌지를 왕으로 세우고 돌아갔다."(『삼국유사』(三國遺事) 1, 기이(紀異) 2)

위의 기록이 일어난 때는 417년이었다. 기록을 보면, 우리는 고구려 사람이 실성왕의 실각과 눌지왕의 즉위에 결정적인 역할을 하였음을 알 수 있다.

고구려 사람은 실성왕을 죽이고, 어진 행실이 있다는 이유로 눌지를 왕으로 앉혔다. 여기에서 어진 행실이란 고구려 측에서 본 행실이다. 이 말은 눌지가 고구려의 비위를 잘 맞추었다는 의미가 된다.

눌지의 동생인 복호는 국내성에서 실성왕에 맞서 고구려 지배층에게 로비를 했을 것이다. 그리고 그는 눌지를 고구려왕과 유력한 귀족들에게 소개하는 역할을 맡았을 것이다. 이렇게 눌지는 복호를 중재자로 하여 고구려와 연결되어 있었다.

이때의 고구려왕이 장수왕이었다. 실성왕을 제거하고 눌지를 왕으로 앉히는 일은 매우 중요한 일이다. 왜냐하면 왕위를 누가 차지하느냐는 문제는 앞으로 고구려에게 많은 영향을 끼치기 때문이다.

이와 같은 일은 사료에 나타나듯이 고구려사람 단독으로 결정할 일이 아니다. 결국 장수왕이 눌지왕을 도왔다. 눌지왕(訥祗王)은 장수왕의 도움 없이는 왕이 될 수 없었을 뿐만 아니라 목숨마저 위태로웠을 것이다.

그런 눌지왕이 고구려가 평양으로 도읍을 옮긴 이후 점점 변화하고 있다는 정보가 들어왔다. 이러한 정보는 신라의 수도 경주에 파견된 고구려 관리에 의해 들어오고 있었다.

433년 7월에 백제가 신라의 수도인 경주에 사신을 보내 화친을 청하자 눌지왕이 이를 따랐다는 소식이 전해졌다. 장수왕은 놀라움과 함께 분노를 느꼈다.

이듬해에 장수왕은 다시 백제와 신라의 화친소식을 접해야 했다. 434년 2월에 백제왕이 좋은 말 2필을 눌지왕에게 보냈으며, 9월에 또 흰매를 보냈다. 이에 대한 답례로 눌지왕은 10월에 밝은 구슬(明珠)을 백제에 선물로 주었던 것이다.

이것을 우리는 나제동맹이라 부른다. 한반도의 남쪽에 위치해 있던 신라 역시 고구려의 남진정책에 위협을 느꼈던 것이다.

신라 눌지왕은 장수왕을 분노하게 만들었다. 장수왕은 눌지왕의 목숨을 구해 주고 왕위에 앉혔다. 그런데 돌아온 것은 신라가 원수인 백제와 동맹을 맺은 것으로 나타났다.

다행히도 이때 신라와 백제의 동맹은 외교동맹이었다. 고구려에 맞서는 군사동맹은 아니었던 것이다.

나제동맹으로 인해 고구려가 신라와 적대관계가 된 것은 아니었다. 백제 사신이 신라의 수도인 경주에 와 눌지왕을 만났을 때, 고구려군대와 관리는 경주에 있으면서 그들의 만남을 지켜보고 있었다. 이 점은 고구려와 신라가 적대국이 된 것은 아니었다는 것을 말해 준다.

이와 같이 삼국 간에는 복잡 미묘한 상황이 전개되고 있었던 것이다.

이 무렵에 고구려 장수왕이 느낀 불안은 무엇 때문일까?

그의 마음 한편에는 백제문제가 놓여 있었다. 백제는 고구려 고국원왕 이래로 숙적이었다. 그렇지만 장수왕의 아버지인 광개토왕의 군사적 활동은 백제를 머리 숙이게 만들었다.

광개토왕이 왕위에 등극할 무렵까지 고구려의 주력부대는 중장 기병이었다. 백제는 고구려에 맞서 국경선인 예성강과 임진강 주변에 산성들을 쌓아 방비했다. 중무장한 기병이 험준한 산으로 올라가는 것이 힘들다는 것을 간파했기 때문이다. 이런 까닭에 고구려와 백제의 싸움은 쉽게 승패를 가르지 못했다.

이때 광개토왕은 누구도 생각하지 못한 전략을 들고 나왔다. 그는 비밀리에 수군을 양성하고 있었다. 광개토왕은 백제가 전혀 예상하지 못한 곳으로 쳐들어갔다.

396년에 광개토왕은 직접 고구려 수군(水軍)을 거느리고 황해 바다를 거쳐 한성(서울)으로 들어갔다. 백제는 허를 찔렸다.

광개토대왕릉비 높이 6.39m,
만주 집안현

방어 한 번 제대로 하지 못한 채 백제의 수도인 한성이 포위되었다.

견디다 못한 백제의 아신왕(阿莘王)은 한성의 문을 열고 항복하였다. 이때 아신왕은 광개토왕에게 절을 하며 노객(奴客)이 될 것을 맹세했다. 아신왕은 광개토왕에게 노예와 같이 되었다. 아신왕의 항복을 받은 광개토왕은 백제왕의 동생과 대신 열사람을 데리고 바다를 통해 고구려 영토로 귀환했다.

광개토왕이 바다로 귀환한 데는 이유가 있었다. 한강 북쪽의 예성강과 임진강 근처에 여전히 백제의 산성들이 버티고 있었기 때문이다.

이와 같이 광개토왕 대에 백제는 고구려의 상대가 되지 못했다. 광개토왕의 아들인 장수왕이 평양으로 도읍을 옮긴 것도 남쪽의 백제 국력이 약하다는 점이 고려된 것이었다. 장수왕은 백제만을 놓고 본다면 심각한 불안을 느끼지 않았다.

장수왕이 느낀 본능적인 불안은 어디에서 온 것일까. 그것은 바로 북중국 지역에서의 정세 변화와 관련이 있었다.

이 무렵 북중국은 다섯 개의 오랑캐와 한족(漢族)이 16개의 나라를 세우는 혼란기인 5호16국 시대가 정리되고 있었다. 선비족이 세운 북위(北魏)가 무서운 기세로 북중국을 통합하고 있었던 것이다.

435년까지 고구려의 서쪽 국경에 있던 나라는 한족(漢族)인 풍씨가 세운 북연(北燕)이었다. 이 나라는 광개토왕에게 맞섰던 선비족이 세운 후연이 망하고 등장한 나라였다. 고구려와 북연은 우호관계를 유지하고 있었다.

그런데 호전적인 선비족이 세운 북위(北魏)가 435년 무렵에 북연을 압박하였다. 실제적인 위협이 등장하고 있었던 것이다. 장수왕의 불안은 바로 북위 문제에 있었다.

장수왕은 북위의 황제가 마음에 걸렸다. 북위를 다녀왔던 고구려 사람들은 한결같이 이렇게 말했다.

"북위 황제는 지금까지 보았던 황제와는 전혀 다른 개성을 가지고 있습니다."

장수왕은 궁궐의 방에서 복잡한 생각에 뒤척이며 밤을 새웠다. 10월의 찬 가을바람이 정원에 있는 낙엽을 흔들고 있었다.

2. 북위와 고구려

북위는 선비족(鮮卑族)이 세운 나라이다. 선비족은 중국인들이 오랑캐라 부르는 동호족(東胡族)의 한 갈래였다. 그들은 내몽골과 중국 동북부에 걸쳐 유목과 사냥을 하며 살았다.

선비족의 생활이 말을 타고 사냥을 하였으므로 자연히 말타기와 활쏘기를 잘했다.

그들의 생활은 단순하고 소박했다. 그러기에 문자도 필요하지 않았다. 간단한 생각은 나무에 부호를 새겨서 나타낼 정도였다.

이들 선비 부족 중의 하나가 탁발씨(부)(拓跋氏(部)였다. 탁발씨는 내몽골의 바연타라(巴彦塔拉)지방에서 세력을 넓혔다. 4세기 초에 중국의 통일왕조인 서진(西晉)은 이들의 세력을 이용해 북변 지방의 안정을 도모하려 하였다. 그리하여 탁발씨는 서진으로부터 산서성(山西省) 북부의 땅을 얻어 세력을 키워 나갔다. 314년에 선비족은 대(代)나라를 건국했다.

그러나 서진(西晉)은 다섯 개의 오랑캐(이민족)에게 쫓겨 강남지방으로 내려가게 되었다. 이때 북중국 지역은 다섯 개의 오랑캐(호: 胡)와 한족(漢族)이 16개의 나라들을 세우는 혼란 상태에 빠지게 되었다. 이를 '5호16국의 시대'라 한다.

이들 나라 중의 한 나라인 전진(前秦)은 대(代)나라를 멸망시켰다. 그러다가 비수에서 벌어진 전투 이후에 전진의 국력이 약화되었다. 이를 틈타 탁발규(拓跋珪)가 386년에 다시 대나라를 세웠다. 탁발규는 곧 국호를 '위'(魏)라고 고쳤다. 우리는 이 위를 삼국시대의 조조(曹操)가 세운 위(魏)와 구별하여 북위(北魏)라고 부른다.

북위는 맹렬한 기세로 북중국을 정복했다. 북위의 황제들은 정복군주로서 북중국 일대를 다스렸다. 그중에서 개성적이면서도 강렬한 분위기를 가진 황제가 있다. 그는 世祖(세조) 太武帝(태무제)(423~452 재위)라 불린 탁발도(拓跋燾)이다.

북위의 태무제는 한족(漢族)의 세력 있는 가문을 끌어들여 통치에 활용했다. 이러한 조치는 이전에 다섯 개의 오랑캐(이민족)가 북중국 지역을 지배하던 방식과 달랐다. 그들은 오로지 약탈과 학살로 중국인들을 두려움에 떨게 하였던 것이다. 이렇게 북위 태무제는 앞선 시기의 국가들과 다른 정책을 구사하였다. 그러나 그 역시 정복전쟁을 맹렬히 벌여 약탈을 했다.

그는 429년에 몽골 쪽에 있던 유목민 국가였던 유연(柔然)을 크게 격파하여 타격을 주었다. 이때 유연의 수많은 말들을 가지고 왔다.

태무제는 439년까지 하(夏), 북연(北燕), 북량(北涼)을 차례로 멸망시켜 북중국 지역을 완전히 통일했다. 이때도 이들 국가들의 물자와 재물을 빼앗았다. 이로써 북위의 태무제는 동아시아의 대제국을 이루었다.

다시 동아시아의 배경을 고구려 장수왕이 다스리던 430년
대로 돌려 보자. 북위가 무서운 기세로 뻗어 나가고 있었을
때 북위는 고구려와 북위 사이에 끼여 완충지대 역할을 하던
북연을 정복하고자 하였다.

북연이 위치한 곳은 오늘날의 요서지역 일대이다. 북연이
멸망한다면 고구려는 정복적 국가인 북위와 국경을 맞대야
한다.

장수왕의 우려는 현실로 나타났다. 북위의 군대는 436년에
북연으로 침공해 들어갔다. 북위군은 북연의 수도인 조양(朝
陽)을 포위했다.

장수왕은 결단을 내렸다. 그는 갈로(葛盧)와 맹광(孟光) 두
사람을 장수로 임명하여 수만 명의 고구려군으로 하여금 북
연의 영토로 진격시켰다. 고구려군 역시 북연의 수도인 조양
(朝陽)을 에워쌌다.

436년 5월에 북위군과 고구려군이 조양을 사이에 두고 예
각 대치하는 긴박한 상황이 전개되었다.

이 무렵에 북연의 대신들은 친북위파와 친고구려파로 나뉘
어 있었다. 그들은 어느 쪽에 항복하느냐를 놓고 갑론을박하
고 있었다. 북연 조정의 이와 같은 모습은 조선이 망할 무렵
에 러시아와 청·일본이 조선을 놓고 대립하던 상황을 떠올
리게 한다.

이때 조선의 조정은 친러·친청·친일파로 나뉘어 대립했다. 힘이 없을 때 외세에 의존하려는 모습이 북연과 조선이 망할 때가 너무나 닮아 있다.

그런데 친북위파의 대신이 성문을 열고 북위 군이 들어오도록 하였다. 북위 군은 함정이 있는 줄 알고 머뭇거렸다. 이 틈을 타 갈로와 맹광이 이끄는 고구려군대가 조양성에 들어갔다. 그들은 북연의 황제 풍홍(馮弘)과 대신들을 사로잡아 고구려로 돌아갔던 것이다. 이에 비해 북위는 북연이 가지고 있던 영토를 자기들의 영역으로 확보하였다.

왜 고구려는 북연의 영역인 요서지역을 포기하고 황제인 풍홍과 대신들만 데려갔을까?

그것은 고구려의 남진정책 때문이었다. 고구려는 수도를 옮긴 여파로, 백제에 대한 공세를 하지 않고 있었다. 그렇지만 남쪽으로 진출하겠다는 목표를 포기한 것은 아니었다. 고구려의 남진정책이 북연 영토에 대한 정복으로 이어지지 못하게 했던 것이다.

이런 고구려에 대해 북위는 대규모 공격을 단행하려 했다. 고구려는 커다란 위기를 맞게 되었다.

바로 그 무렵에 몽골 쪽에 있던 유연이 북위를 공격했다. 이로 인해 북위의 고구려 공격은 실행되지 못했다.

3. 전쟁터에 뛰어들어 간 북위의 태무제

북위는 북연을 침략한 것에서 보듯이 호전적인 나라였다. 북위 태무제는 이러한 정복적인 왕조의 황제였다. 그의 개성은 어떠하였을까? 이 점을 『자치통감』(資治通鑑)의 기록으로 살펴보자.

기록에 따르면 북위의 태무제는 전쟁을 지휘하는 것이 아니라 전쟁터에 뛰어 들어갔다.

북위 태무제가 427년 흉노족이 세운 하(夏)나라를 공격할 때이다. 그는 경무장한 기병 3만 명을 거느리고 평소보다 두 배나 빠른 속도로 진군했다. 그리고 군사를 나누어서 깊은 골짜기에 숨겼다. 이어서 북위 세조는 작은 무리만을 데리고 수도인 통만(統萬: 섬서성 정변현)성 아래로 직접 갔다. 이때 하나라 왕은 보병과 기병 3만 명을 거느리고 이에 맞섰다.

북위 태무제는 직접 기병을 나누어서 좌우 병대로 만들어 서로 의지하게 했다. 이때 그가 탄 말이 넘어져서 추락하여 하나라 군사에게 거의 잡힐 뻔하였다. 그렇지만 탁발제(拓跋齊)라는 장수가 몸으로 가리고 막으며 죽음을 각오하고 힘써 싸우자 하의 군사가 물러나기 시작했다.

북위 태무제는 다시 일어나 말을 타고 하의 상서(尙書: 장

북위 군인의 모습

관)인 곡려문(斛黎文)을 창으로 찔러서 죽였다. 또 기병 10여 명을 죽였고 날아오는 화살이 몸에 맞았지만 이에 아랑곳하지 않고 공격을 계속했다. 하나라의 군사들은 이러한 태무제의 모습에 질려 버렸다. 이에 하나라의 무리가 무너졌던 것이다. 전쟁에서 싸우는 북위 태무제의 모습은 『삼국지』에 나오는 관우나 장비에 못지않다.

더욱이 그는 달아나는 하나라의 임금을 쫓아갔다. 하의 임금은 수도인 통만에 들어가지 못하고 상규(上邽)성(감숙성 천수시)으로 달아났다.

태무제는 평민의 옷차림을 하고서 소수의 인원만 데리고 하나라의 임금을 쫓았다. 그는 상규성으로 들어갔다. 하나라 사람들은 이 사실을 알자 성의 모든 문을 닫아 버렸다. 그야말로 위급한 상황이 되었던 것이다.

그럼에도 그는 탁발제 등과 더불어 상규성의 궁전 안에 들어갔다. 이미 궁전 안에는 하나라 사람들로 가득했다. 중과부적이었다. 그제야 태무제는 상황의 심각성을 인식하였다. 그는 궁전 안에 있던 부인의 치마를 발견하여 그것을 창에 매달았다. 태무제는 그것을 타고 내려와 겨우 탈출할 수 있었던 것이다.

며칠 뒤에 태무제는 성으로 침략해 들어가 하나라의 왕과 귀족, 군인, 왕의 어머니, 후비(后妃), 자매, 궁인(宮人) 등 만여 명을 사로잡았다. 빼앗은 말이 30여 만 필이고 소와 양은 수천만 두였다. 창고에 있는 진기한 보물, 수레와 깃발, 기물은 수를 헤아릴 수가 없을 정도로 많았다. 태무제는 이를 약탈했다.

놀라운 사실은 그가 무찌른 하나라의 왕인 혁련창(赫連昌)과 함께 단둘이 말을 타고 산골짜기에 들어가 사냥을 하였다는 것이다.

하나라의 왕 혁련창은 포로였지만 평소 용맹하다는 명성이 있었다. 태무제는 하나라의 왕 혁련창과 사냥하는 것을 말리는 부하들에게, "천명이 있는데 무엇이 두려우랴."라고 하였던 것이다. 이러한 그의 모습은 담대함을 넘어 기괴함까지 느끼게 하고 있다.

북위의 태무제가 얼마나 정복적인 군주였는가를 알 수 있는 것은 439년 북량(北涼)(397~439)을 멸망시켰던 것에서도 알 수 있다. 북량은 북중국의 서쪽인 감숙(甘肅)에 있던 나라로, 험준

한 지형을 배경으로 북위의 태무제에게 거세게 저항했으나 멸
망당했다.

446년에 태무제는 티베트 지역에 위치한 토욕혼을 공략했다. 태
무제의 군사들은 토욕혼에 침략해 갔을 때 그 영토가 텅 비어 있는
것을 발견했다. 토욕혼의 왕과 백성들은 태무제 군대의 침입 소식
에 싸울 생각을 아예 하지 못하고 중앙아시아 지역으로 도망가
버렸다.

4. 북위 궁궐 속의 황제가 된 환관 종애

이렇게 용맹한 북위의 태무제는 주위의 사람들을 어떻게 대했을까? 이를 종애(宗愛)라는 인물을 통해 알아보자.

태무제는 중상시(中常侍) 종애(宗愛)를 매우 총애했다. 중상시란 궁전의 일을 맡아 보고 왕명을 전달하는 관직이다. 종애는 환관(내시)이었다.

『자치통감』에는 종애를 천한 환관이라고 표현하고 있다. 이로 보아 종애는 북위의 정복전쟁 과정에서 포로가 되어 환관이 된 것 같다.

태무제는 종애를 총애했다. 이 점은 같은 책의 다음과 같은 기록으로도 알 수 있다.

"태무제가 정벌을 나갈 때, 태자 탁발황(拓跋晃)이 나라의 일을 감독했다. 이때 종애가 성격이 험악하고 난폭하여 대부분 법을 어겼으므로 태자가 그를 싫어하였다."

나라의 일을 감독하는 태자가 법을 어기는 종애를 막지 못해 싫어했다는 것은 무엇을 의미할까? 이 점은 두 가지 사실을 함축하고 있다.

첫 번째는 종애가 단순히 궁중의 일을 시중드는 환관이 아니라 실제적으로 권력을 행사한 권력자임을 말한다. 종애가 대부분 법을 어겼다는 것은 그가 권력자였음을 말한다.

두 번째는 종애의 힘이 태자를 능가하고 있다는 것이다. 태자는 법을 어기는 종애를 제지하지 못하고 싫어하기만 하였던 것이다.

미천한 신분의 환관이었던 그의 힘은 바로 북위의 황제 태무제가 아니고는 생각할 수가 없다. 종애는 황제의 신임을 받아 태자까지도 무시했던 것이다.

결국 종애는 태자의 측근인 구니도성(仇尼道盛) 등을 황제 앞에서 헐뜯었다. 북위의 태무제는 화가 나서 구니도성 등을 목 베고 동궁의 관리들을 대부분 연좌시켜 죽였다. 태자는 이 일 때문에 충격을 받아 죽었다.

태무제는 점차 이 일을 후회하였다. 종애가 거짓으로 헐뜯어 태자 측에 타격을 준 것을 알았던 것이다.

일이 이렇게 되자 종애는 죽을 것을 두려워하여 황제를 시해하였다. 그리고 환관 30명으로 하여금 병기를 가지고 대궐 안에 잠복시켰다가 신하들을 죽이고 진왕(秦王) 탁발한(拓跋翰)까지 죽였다.

종애는 태무제의 가장 나이 어린 아들인 탁발여(拓跋余)를 황제로 내세웠다. 그가 일으킨 쿠데타는 쉽게 성공했다. 태무제는 전쟁을 통해 드넓은 북중국 일대를 정복한 전쟁 전문가였다. 그러한 전쟁 영웅이 미천한 환관 종애에게 시해되었다.

이 같은 사건이 종애 혼자만으로는 이루어질 수 없다. 앞에서 보듯이 환관 30명이 병기를 가지고 신하들을 죽였다고 하였다. 이로 보아 환관들이 종애가 일으킨 반란의 주역이었다.

결국 종애와 30명의 환관들이 황제와 황자, 신하들을 죽이고 기존의 권력시스템을 무너뜨려 버렸다. 고구려 장수왕을 잠 못 이루게 했던 태무제가 한순간에 사라져 버렸던 것이다.

종애가 일으킨 쿠데타는 성공했다. 그는 재상이 되어 권력을 휘둘렀다. 이에 황제가 된 탁발여가 그를 제거하려 하였다. 종애는 이 사실을 알게 되었다. 이 점은 종애가 탁발여의 옆에 환관을 두고 그의 거동을 세밀하게 감시했기에 가능하였을 것이다. 종애는 인정사정없이 다시 탁발여를 시해했다.

결국 전쟁터에서 용맹을 과시하던 태무제는 어이없게 미천한 환관 종애에게 죽임을 당했다. 그의 자식들도 덧없이 죽었던 것이다. 그 원인은 무엇일까? 이것은 두 가지 측면에서 살펴볼 수 있다.

첫 번째는 권력의 속성을 태무제가 모르거나 간과했다는 점이다. 태무제는 종애의 말만을 믿고 자신의 후계자인 태자 세력을 성급하게 제거하였다. 종애를 견제할 세력이 사라진 것이다. 권력에 있어서 한 인물에게만 힘이 쏠리게 되었다.

궁중에서도 그러했다. 종애 자신은 궁중에서 황제의 신임을 받아 자신의 사람들로 자리를 채울 수 있었다. 종애의 성격이 험악하고 난폭했다는 것은 상대방을 배제하거나 소외시켰다는 의미를 가진다. 궁중에서도 종애를 견제하는 인물들은 사라졌을 것이다.

종애가 임명한 환관들은 실제로 종애의 사람이 되어 있었다. 환관들이 종애에게 완전히 동조하여 황제를 시해하고 신하들을 죽였던 것이다. 궁궐 속에서 실제적인 황제는 태무제가 아니라 종애였던 것이다.

두 번째로 들 수 있는 것은 태무제 자신의 인성(人性)이다. 종애가 쿠데타를 일으킨 동기는 단순했다. 그는 죽는 것을 두려워하여 일을 저질렀던 것이다. 태무제는 사람의 목숨을 소중히 여기지 않았다. 이 점은 태자의 측근들을 쉽게 처형한 데에서도 잘 알 수 있다. 종애는 이러한 태무제의 모습을 곁에서 지켜보았다. 결국 태무제 자신의 행동이 부메랑이 되어 그에게 돌아왔던 것이다.

수많은 대군을 지휘하며 다른 나라들을 정복하던 태무제의 모습 뒤에 이렇게 일그러진 모습이 있었던 것이다.

5. 장수왕의 백제 공격

북위의 태무제는 고구려 장수왕을 무척이나 불안하게 했었다. 그가 사라지자 장수왕은 근심을 덜게 되었다. 북위는 태무제 이후 어린 황제들이 잇달아 즉위하였다. 고종(高宗) 문성제(文成帝: 452년~465년 재위)는 13세에 즉위하여, 26세로 죽었다. 문성제가 재위할 무렵부터 북위는 쇠약해지기 시작했다. 이에 따라 정복전쟁은 점차 수그러들었다.

문성제의 뒤를 이은 현조(顯祖) 헌문제(獻文帝: 465년~471년 재위)가 465년에 12세의 나이로 즉위했다. 헌문제의 즉위에는 군사권을 장악하고 있던 을혼(乙渾)의 영향력이 크게 작용했다. 그는 사도(司徒)벼슬을 하던 육려(陸麗) 등 중신들을 제거하고 스스로 승상이 되었다. 그 역시 466년에 문성제의 황후였던 풍 씨(馮氏)에 의해 역모를 이유로 제거되었다.

이후 풍 씨가 수렴청정을 하였다. 다시 헌문제는 18세의 나이에 풍 씨의 강요로 다섯 살배기 아들인 고조(高祖) 효문제(孝文帝: 471년~499년 재위)에게 양위해야 했다.

헌문제는 태상황제(太上皇帝)로서 정치에 참여하고 있었으나 476년에 급사하였다. 이것은 풍 씨가 암살한 것이라고 전해진다. 북위의 정국이 불안정해졌던 것이다.

장수왕은 북위의 기세가 꺾이자 백제 문제에 관심을 가졌다. 『삼국사기』에 기록된 다음의 문장은 의미심장하다.

"장수왕은 몰래 백제를 치려고 도모하여 간첩으로 보낼 만한 사람을 구하였다."

이때 스님인 도림이라는 사람이 장수왕을 만날 것을 청했다. 드디어 한 나라의 왕과 이름 없는 스님이 몰래 만났다.

시종의 안내로 도림은 궁궐의 아담한 방에 들어왔다. 장수왕은 도림에게 자리에 앉을 것을 권하며 말했다.

"법사, 내가 왜 법사를 보자 했는지 알겠소?"

도림은 장수왕을 쳐다보며 결연히 청했다.

"어리석은 승려인 제가 도(道)는 알지 못하오나 나라의 은혜에 보답하고자 합니다. 대왕께서 신을 어리석다 하지 마시고 맡겨 주시면, 반드시 어명을 욕되지 않게 하겠습니다."

도림의 말은 논리정연하다. 고대에 있어 승려들은 단순한 종교의 수행자가 아니었다. 그들은 중국과 서역의 고급문화를 공부하고 전파했었다. 당연히 도림은 상당한 지식인이었다.

장수왕은 도림의 의지와 기개가 마음에 들었다. 그의 준수한 외모와 형형한 눈빛에서 믿음직한 느낌을 받았다.
장수왕은 가만히 물었다.

"그대는 백제의 개로왕(蓋鹵王: 455년~475년 재위)에게 접근할 계책을 가지고 있는가?"

도림이 계책을 내놓았다.

"저는 바둑을 누구보다 잘 둡니다. 지금 개로왕이 바둑에

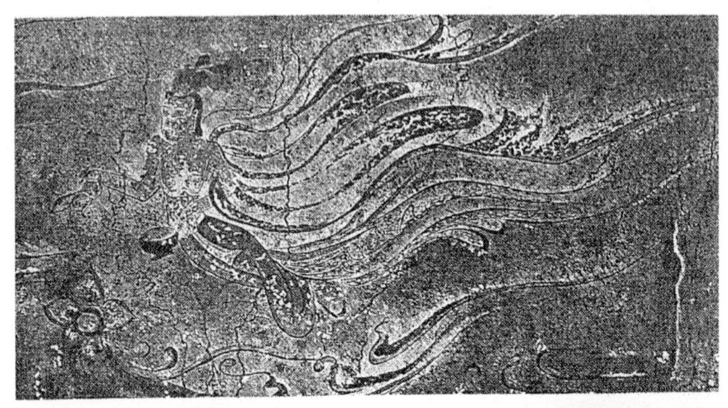

고구려 무용(위) 우현리대묘의 선녀, (아래)무용총의 무용도

빠져 있다고 들었습니다. 바둑을 통해 개로왕에게 접근하겠습니다. 저를 백제에 보내 주십시오.”

이 시기에 지식인들 사이에 유행한 것이 바둑이었다. 그들은 바둑을 두는 것에서 인생의 즐거움을 찾았다. 도림 역시 어릴 때부터 바둑을 배워 누구보다 잘 두었다.

장수왕은 도림이 바둑을 통해 개로왕에게 접근하겠다는 말을 듣고 흡족하게 말했다.

"법사, 좋은 방법이오. 내가 법사를 도울 사람들과 자금을 지원하겠소."

이에 도림은 거짓으로 나라에 죄를 짓고 백제로 망명했다.

도림은 개로왕을 만나야만 자신의 목표를 달성할 수 있다. 그는 누추한 행색으로 백제의 궁성문으로 찾아갔다.

도림은 고구려에서 죄를 짓고 도망한 바둑의 고수라며 자신을 궁성문의 수비대장에게 소개하였다. 도림은 수비대장의 안내로 궁의 후원으로 들어갔다.

이곳은 인공으로 연못을 만들어 그 중간에는 열대여섯 명의 사람들이 앉을 수 있는 정자가 있었다. 정자의 지붕에는 기와가 덮여 있고 기둥과 바닥에서는 은은한 향기가 났다. 정자는 연못 바깥과 돌로 된 다리로 연결되었다.

연못에 있는 연꽃과 연못 밖의 진기한 화초가 어우러져 별천지를 이루고 있었다. 도림은 다리를 건너 개로왕을 만났다.

이때 고구려와 백제는 숙적이었다. 당연히 외교관계가 없었으며 사신의 교환도 없었다. 도림은 고구려왕과 백제왕을 만나 대화를 나눈 역사적인 인물이 되었다.

그는 개로왕에게 고개를 완전히 굽혔다 다시 절을 하며 아뢰었다.

"신은 어려서 바둑을 배워 자못 그 묘한 이치를 깨달았습니다. 곁에서 모시도록 해 주십시오."

개로왕은 그 자리에서 도림과 대국했다. 도림은 과연 국수였다. 개로왕은 흡족해하며 말했다.

"법사, 내 곁에 있어 주시오."

개로왕과 도림은 바둑을 두며 가까운 사이가 되었다. 개로왕은 도림을 높이 받들어 지위가 높은 손님으로 모셨다. 심지어 개로왕은 도림에게 이렇게 말했다. "내가 그대와 이렇게 늦게 만난 것이 너무나 후회스럽소"

도림과 관련하여 중요한 사실을 지적할 수 있다. 아브람 N. 슐스키와 개리 J. 슈미트가 쓴 『국가정보의 이해』라는 책은 망명자에 대한 대처를 알려 주고 있다.

자신의 나라를 등지는 망명자들이 순수한 망명자들인지, 아니면 상대방을 속이기 위해 반대국가의 정부가 의도적으로 내보낸 사람들인지 확실하게 판명하는 것은 어렵다. 최소한 처음에는 그들을 어느 정도 회의적으로 다루어야 한다. 현대에 있어서도 미국의 정보기구들은 지난 4반세기 동안 소련으로부터의 망명자들이 제공하는 상반된 첩보들로 곤혹스러워했다는 것이다. 이로 보아 도림이 망명했을 때 백제 개로왕은 그에 대해 의심하면서 신중히 살펴야만 했었다. 개로왕은 너무 쉽게 도림을 믿었다.

이 무렵 고구려와 백제는 적대국이었으므로 두 나라는 서로 경제 및 인구통계학적 자료들과 내부의 정치 문제를 비밀로 했다. 도림은 이런 백제에 관한 정보들을 장수왕에게 보고

했다. 백제의 역량이 고스란히 도림을 통해 장수왕의 귀에 들어왔다.

장수왕이 살면서 가장 놀란 일은 무엇일까? 그것은 백제의 개로왕이 북위에 국서(國書)를 보낸 일이었다. 이전에 백제는 북위에 국서를 보낸 적이 없었다. 국서에는 백제와 북위가 고구려를 협공할 것을 제안하고 있었다.

백제 개로왕이 472년에 북위에 보낸 국서의 내용이 지금까지 남아 있다. 다음의 사료가 그것이다.

"(상략) 신(臣: 개로왕)은 고구려와 더불어 근원이 부여에서 나왔습니다. 이전에는 옛 우의를 돈독히 하였는데, 그(장수왕) 할아버지 쇠(釗: 고국원왕)가 이웃과의 우호를 가벼이 저버리고 친히 군대를 거느리고 와서 우리 영토를 짓밟았습니다. 신의 할아버지 수(須: 근구수왕)는 군대를 정비하여, 기회를 보아 번개처럼 달려가 공격했습니다. 화살과 돌로 잠시 싸운 후에 쇠의 목을 베었습니다. 이로부터 고구려는 감히 남쪽을 넘보지 못하였습니다. 그러나 풍씨(馮氏: 북연)의 운수가 다하여 남은 무리들이 고구려로 도망해 오자 추악한 무리(고구려)가 점차 강성해져 드디어 능멸과 핍박을 받게 되었습니다. 그래서 원한을 맺고 화(禍)가 이어진 지 30여 년이 되었습니다. 재물도 다하고 힘도 다하여 점점 스스로 약해지고 위축되었습니다. 만약 폐하께서 우리를 사랑하고 불쌍히 여김이 있으시다면, 빨리 장수(將帥)를 보내어 우리나라를 구원해 주십시오. (중략) 내가 비록 불민(不敏)하지만 온 힘을 다하려고 마음먹고 있습니다. 마땅히 통솔하는 군대를 거느리고 성풍(聲風)을 이어 호응할 것입니다(하략)."(『삼국사기』 백제본기 개로왕 18년(472년), 『위서』 백제전)

국서에 나타난 백제의 제안이 현실로 드러난다면, 고구려는 북위와의 국경선인 요하와 백제와의 경계선인 예성강, 임진강 양면에서 공격을 받는 커다란 위기를 맞게 된다. 더군다나 백제는 신라와 연결되어 있었다. 그야말로 고구려는 사면에서 포위된 형국이 되는 것이다.

백제가 북위에 보낸 국서의 내용을 장수왕은 알고 있었다. 백제의 국서는 공식적으로 북위에게 전달되었으므로 그 내용은 누구나 알 수 있었기 때문이다.

장수왕은 정말로 불안했다. 북위는 비록 약해졌다고 하나 동아시아에서 강력한 세력이었다. 북위와 고구려의 원수인 백제가 연결된다면…….

북위는 백제의 제안에 대해 고구려와 백제의 분쟁에 개입할 생각이 없음을 밝혔다. 이때 북위 효문제의 나이는 6세에 불과해 문성제의 황후인 풍 씨가 실권을 휘두르고 있었다. 그러므로 북위는 적극적인 대외정책으로 나아갈 여건이 안 되었다.

더욱이 백제가 보낸 국서는 문제점을 가졌다. 스스로 재물도 다하고 힘도 다해 위축되었다고 하였다. 자기 자신의 약함을 드러내면서 다른 나라에게 도움을 청했다. 이런 나라를 어느 나라가 도와주겠는가? 이 글은 오히려 북위에게 백제의 쇠잔함을 알리는 것이다. 북위는 이 국서를 보고 백제와의 군사적 협력에 의문을 가졌을 것이다.

이와 함께 주목해야 할 점이 있다. 바로 이 국서가 가져올 파장이다. 백제가 보낸 제안에 대해 북위의 대답은 정해져 있었다. 백제와 연결해 고구려를 치든가 백제의 제안을 거절하는 것이다. 개로왕이 국서를 보냈다는 것은 북위가 백제의 제안을 받아들일 것이라는 확신이 있었기 때문이다.

그렇지만 북위는 백제의 제안을 거절했다. 결과는 백제가 생각했던 북위의 긍정적인 응답이 아니었다. 결국 백제는 고구려를 자극했다. 비유하자면, 백제는 잠자는 사자를 깨웠던 것이다.

개로왕은 미래의 국가 정책에 있어 낙관론만을 신봉하고 불리한 면은 전혀 생각하지 않았다. 이 점은 오늘날의 우리들에게도 중요한 교훈을 준다. 그것은 바로 현재의 상황에서 지나친 낙관은 미래에 어려움을 가져다줄 수 있다는 점 때문이다.

북위는 백제의 제안을 거절했지만 사신을 백제에 보내려 했다. 북위는 해로가 아니라 육로로 사신을 보내려 했다. 그러려면 고구려 땅을 거쳐야만 된다. 북위 사신은 고구려 협공을 제안해 온 백제 사신을 동행한 채 고구려 영내로 들어와 백제로 가려 했던 것이다.

장수왕은 '개로왕과는 옛날에 원수진 일이 있다.'고 하며 북위 사신과 백제 사신을 국경에서 돌려보냈다. 이렇게 되자 북위는 고구려를 심하게 비난하는 조서(詔書: 황제의 편지)를 보냈다.

북위의 조서를 받은 장수왕은 불안을 끊고 싶었다. 아니, 불안을 끊어야만 했다.

북위와 백제 중에 국력이 강한 나라는 북위이다. 북위는 이미 북중국이라는 광대한 영역과 인구를 장악하고 있었다. 전쟁에서 두 개의 적과 싸울 때는 먼저 약한 적을 치게 되어 있다. 장수왕은 백제를 치기로 결심했다. 이것은 평양 천도 이후 그가 꿈꾸어 왔던 한강 유역 진출을 의미한다.

한강 유역에는 바로 백제의 수도인 한성이 있다. 고구려가 한강 유역을 장악한다면 백제 수도를 확보하는 것이 된다. 이렇게 된다면 백제의 목덜미를 잡는 것과 같게 되어 더 이상 백제는 고구려의 상대가 되지 못한다.

더욱이 백제는 장수왕을 가슴 서늘하게 하지 않았던가? 장수왕은 도림을 간첩으로 백제에 보낼 때 지시를 내렸었다.『삼국사기』백제 본기에는 이러한 지시를 흉계로 표현하고 있다. 백제의 입장에서는 흉계이지만 고구려의 입장에서는 비책이었다. 이 비책은 무엇인가?

장수왕의 비책은 그의 경험에 바탕을 둔 것이었다. 그는 만주의 국내성에서 평양으로 수도를 옮길 무렵에 궁궐을 짓고 성곽을 만들면서 백성들이 괴로워하는 것을 보았다. 그때 장

수왕은 염원하던 남쪽으로의 진출을 유보했었다. 그는 백성
들의 마음을 중요하게 보았다.

장수왕은 백제가 안에서부터 무너지는 것을 바랐다. 백제의
민심이 개로왕에게서 떠난다면 백제는 무너지게 되어 있다. 그렇
게 된다면 고구려는 별다른 손실 없이 남하정책을 추진할 수 있
다. 장수왕의 비책은 바로 백제의 민심을 이반시키는 것이었다.

장수왕이 백제에 보낸 도림은 바둑을 통해 개로왕의 마음을
얻었다. 그는 어느 날, 개로왕과 바둑을 둔 후 조용히 말했다.
"신(臣)은 다른 나라 사람입니다. 그런데도 임금님께서는
신을 멀리하지 않으시고 은혜를 깊이 베풀어 주셨습니다. 신
은 바둑만으로 섬겼을 뿐 아직 조그만 이익도 나라에 주지 못
했습니다. 지금 한 말씀을 드리고자 하오나 임금님의 뜻이 어

장수왕의 무덤으로 추정되는 장군총

떠한지 알지 못할 따름입니다."

바둑 이야기만 하던 도림이 진지하게 나라의 이익을 이야기하니 개로왕이 짐짓 궁금해져 물었다.

"말을 하시오. 만약 나라에 유익할 것 같으면 이는 법사가 바라는 것이 아니겠소."

도림은 잠시 호흡을 가다듬은 후 말했다.

"대왕의 나라는 사방이 모두 산과 언덕, 강과 바다로 되어 있습니다. 하늘이 마련해 준 험준한 땅으로 사람들이 공격할 수가 없습니다. 이러한 까닭에 사방의 이웃나라들은 감히 넘겨다볼 마음도 먹지 못하는 것입니다. 이전에 신은 대왕을 섬겨 받들 기회가 없었습니다.

대왕께서는 마땅히 숭고한 기세와 부유한 왕업으로써 백성들이 보고 듣는 곳에서 마음을 움직이게 해야 할 것입니다. 그런데 지금까지 성곽을 수리하지 않고 궁전도 수리하지 않으며, 선왕의 해골은 빈 들판에 묻혀 있고, 백성들의 집은 자주 강물로 파괴됩니다. 감히 신이 생각하기에, 대왕께서 이 일을 하지 않기 때문이라 여겨집니다."

도림의 간언은 절절히 백제를 위하는 것으로 보였다. 그렇지만 그의 말에는 함정이 숨어 있었다.

그는 백제의 지세가 험하여 이웃나라들이 감히 넘겨다볼 마음을 먹지 못한다고 하였다. 그리하여 개로왕에게 외부의 침략에 대해 마음을 놓도록 했다.

도림은 이어서 성곽과 궁전을 수리할 것을 권하였다. 또한 능묘를 만들고 제방을 짓는 것을 동시에 할 것을 말하였다. 이렇게 되면 요역을 담당하는 백성들이 고통을 받는다. 민심이 개로왕으로부터 멀어지는 것이다.

개로왕은 현실감각과 신중함이 없었다. 이 점은 그가 북위의 내정을 알지도 못한 채 북위에 고구려 협공을 요청한 것에서 잘 알 수 있다.

개로왕은 도림의 제안에 "그렇다. 내가 그렇게 할 것이다."라고 대답하였다. 그리하여 백성들을 모두 징발하여 흙을 쪄서 성을 쌓기 시작하고 그 안에는 궁실과 누각(樓閣: 다락집)과 대사[臺榭: 먼 곳을 보는 누대(樓臺)]를 장대하고 화려하게 하도록 하였다.

또한 큰 돌을 욱리하(郁里河)에서 가져다가 곽을 만들어 부왕(父王)의 해골을 넣어 묻도록 하였다. 한편으로 강변을 따라 제방을 만들기 시작했다. 제방은 사성(蛇城)의 동쪽으로부터 숭산(崇山)의 북쪽에까지 이르도록 되어 있었다.

공사의 재원을 마련하기 위해 백제 백성들은 더 많은 세금을 내야 했다. 무상으로 국가에 대해 노동력을 제공하는 요역 역시 백성들의 몫이다. 이렇게 되면 백성들이 살기 어려워져 민심이 떠나게 된다.

공사가 한창 진행 중일 때, 개로왕은 도림을 왕성(王城)인 풍납토성의 망루로 불렀다. 하늘의 노을이 한강 위에 붉게 비추고 있었다. 개로왕은 제방을 쌓기 위해 무거운 돌들을 나르고 있는 저 너머의 백성들을 손으로 가리키며 말했다. "대사, 어떻소, 끝없이 줄지어 가는 저 모습이 장관이지 않소."

도림은 정중하게 아뢰었다.

"모두가 대왕의 위엄으로 이런 엄청난 일이 이루어지고 있습니다. 폐하의 홍복으로 생각되옵니다. 신은 이번에 건설되는 궁궐에 들어가 보며 가슴이 뛰었습니다. 짓고 있는 궁궐의 규모와 장식의 화려함에 압도되었습니다. 이것을 본 그 누구도 대왕님의 권위에 압도될 것입니다. 지금과 같은 규모라면 북위와 비교해도 뒤지지 않을 것입니다. 모두가 대왕님의 업적으로 영원히 이야기될 것입니다."

개로왕은 호탕하게 웃으며 말했다.

"대사, 대사의 충언에 따라 이 일들이 이루어지고 있소. 내가 지난번에 했던 말이 기억나오? 이렇게 뒤늦게 대사를 만난 것이 후회스럽다고 하지 않았소?"

도림은 감읍한 듯 허리를 깊숙이 굽혔다.

도림의 제안에 따라 토목공사와 축성공사가 동시다발적으로 진행되었다. 당연히 창고는 텅 비고 백성은 곤궁해졌다. 물자가 귀해져 물가가 하늘 높은 줄 모르고 올라갔다. 백성들의 민심은 개로왕에게서 완전히 멀어져 갔다.

여기에서 잠시, 고구려와 백제의 정보역량을 살펴보자. 도림은 백제의 수도인 한성에 있으면서 비선조직을 통해 평양의 장수왕에게 정보를 보고했다. 고구려는 백제에서 정보기관을 가동하고 있었던 것이다. 이에 비해 백제의 스파이가 고구려의 평양에서 활동했다는 기록은 전하지 않는다. 고구려와 백제의 정보전에서 백제는 고구려에게 상대가 되지 않았다. 백제의 험악하고 급박한 형세가 달걀을 쌓은 것보다도 심해졌다.

공사들이 한참 진행되고 있을 때, 도림은 몰래 고구려로 귀국하여 장수왕에게 백제의 상황을 알렸다. 장수왕은 크게 기뻐했다.

이 기회를 틈타 장수왕은 475년 9월에, 친히 고구려군 3만 명을 거느리고 백제로 쳐들어갔다. 이때 그의 나이는 81세였다. 노구를 이끌고 친정을 했다는 것은 장수왕의 백제 정벌에 대한 의지가 얼마나 절실했는가를 잘 말해 준다.

도림이라는 스파이가 개로왕을 궁지로 몰아넣었다. 개로왕은 고구려군이 쳐들어온다는 말을 듣고 아들인 문주(文周)에게 말했다.

"내가 어리석고 밝지 못했구나. 간사한 사람인 도림의 말을 믿어서 일이 이 지경에 이르렀다. 백성은 쇠잔하고 군대는 약하니 비록 위태한 일이 있더라도 누가 나를 위해 힘써 싸우겠느냐? 너는 신라로 들어가 구원병을 이끌고 오너라."

문주는 눈물만 흘릴 뿐이었다.

장수왕은 백제와의 국경선인 예성강과 임진강을 넘어 파죽지세로 남하해 왔다.

수도인 한성(漢城)이 포위되었다. 『삼국사기』 기록에 보면, 고구려의 백제 원정은 475년 9월에 이루어졌다. 한 달 동안에 백제 원정이 행해져 성공했다. 이것은 전격적이며 단기간에 이루어진 것이었다.

이러한 원정의 성공은 결국 고구려 내에서 백제의 정보 수집 활동이 미비했음을 말한다. 백제 정보조직이 고구려에서 활동하고 있었다면, 고구려가 백제를 침략한다는 소식을 전해 백제는 이에 대비했을 것이다. 그렇다면 이렇게 허무하게 수도가 포위되는 일은 없었을 것이다.

고구려의 공격에 개로왕은 성문을 굳게 닫았다. 이때 선봉에 선 사람이 고구려의 장군인 제우(齊于)와 재증걸루(再曾桀婁), 고이만년(古爾萬年)이었다. 그런데 재증걸루와 고이만년은 백제의 귀족이었으나 죄를 짓고 고구려로 도망한 인물들이었다. 이들은 백제 수도인 한성의 강하고 약한 점을 낱낱이 파악하고 있었다.

재증과 고이의 지휘로 고구려군은 북성을 7일 만에 함락시켰다. 이런 기세로 남성으로 주력군을 옮겨 공격하였다. 성안이 위급하게 되었다. 백제군은 고구려군의 위세에 눌려 나와 싸우지 못하였다. 고구려군은 군사를 네 길로 나누어 협공하고, 바람의 세기를 타서 불을 놓아 성문을 불태웠다.

백제 사람들은 두려워하여 나가서 항복하려는 자도 있었다. 개로왕은 어찌할 바를 몰랐다. 그는 수십 명의 기병들을 거느리고 성문을 빠져나와 서쪽으로 달아났다.

도망하는 중에 대부분의 군인들이 개로왕으로부터 달아났다. 그와 함께한 기병은 2명에 불과했다. 서쪽 노을이 한강을 길게 비추고 있었다. 백성들의 희생으로 건설된 제방을 따라 개로왕은 말을 가쁘게 몰았다.

이때 개로왕을 추격한 이가 고구려의 장군 재증걸루(再曾桀婁)였다. 재증걸루와 그가 거느린 수백 명의 기병들은 말을 탄 세 사람을 발견했다. 재증과 그의 군사들은 말고삐를 바짝 죄고 개로왕을 추격했다.

개로왕은 자신을 쫓아오는 고구려 기병들을 보고 앞이 캄캄했다. 그는 고구려군에게 사로잡히리라고는 한 번도 생각한 적이 없었다.

재증은 개로왕을 손쉽게 멈추어 세웠다. 개로왕은 고구려 군복을 입은 사내의 얼굴을 쳐다보고 깜짝 놀랐다. 그는 마른침을 삼키며 떨면서 말했다.

"너, 넌 재증이 아니냐?"

재증은 개로왕을 보고 무어라 말할 수 없는 분노로 가슴이 터질 것 같았다.

재증이 냉기를 뿜으며 대답했다.

"대왕, 말에서 내리시오."

개로왕이 말에서 내리는 것을 보고, 재증 역시 말에서 내려왔다. 재증은 개로왕에게 무릎을 꿇고 절을 했다. 그가 절을 한 데에는 까닭이 있었다. 그는 본래 백제 사람이었기 때문이다.

재증은 충심에서 우러나와 개로왕이 벌인 무분별한 토목공사와 축성공사에 반대하다가 오히려 반역죄로 몰렸다. 살기 위해 그는 백제를 탈출하여 적대국인 고구려로 도망쳤던 것이다.

재증은 백제를 위해 바른말을 하다가 오히려 고구려의 선봉으로 나섰다. 인생의 복잡한 면이 재증에게 담겨져 있었다.

개로왕은 재증의 절에 당황하며 떨리는 소리로 간청했다.

"재증 장군, 나를 살려 주게. 지난 일은 내가 잘못했네."

재증의 목소리가 허공을 갈랐다.

"대백제국의 왕이 이런 상황에서 목숨을 구걸하는가? 그대가 왕이 맞는가?"

재증은 뒤틀린 미소를 지으며 개로왕에게 바짝 다가갔다. 흥분으로 붉게 변한 재증의 입에서 침이 튀어나왔다.

"퉤, 퉤, 퉤……."

개로왕의 얼굴은 재증의 침으로 번들거렸다.

사색이 다 된 개로왕을 앞에 두고 재증은 만감이 교차했다. 그는 천천히 개로왕의 죄를 세었다.

"당신은 백제 사람들을 무리하게 징발하여 백제를 도탄에 빠뜨렸다. 이것이 첫 번째 큰 죄이다.

토목공사와 축성공사의 부당함을 말하는 나를 반역자로 몰았다. 이것이 두 번째 큰 죄이다.

그리고 나의 부모님과 처자를 연좌하여 처형하고 노비로 만들었으니, 이것이 세 번째 큰 죄이다."

재증은 뒤로 돌아서서 고구려군인들에게 울먹이며 명령했다.

"여봐라, 이 자가 백제왕이다. 밧줄로 이 자를 묶어라."

고구려군인들이 일제히 절도 있게 외쳤다.

"예."

두 명의 건장한 고구려군인이 대열에서 걸어 나왔다. 그들의 손에는 거칠고 굵은 밧줄이 쥐여 있었다. 그들은 밧줄을 가지고 개로왕에게 다가왔다.

개로왕은 몸을 부들부들 떨며 초점 없는 눈으로 허공을 바라보았다. 고구려군인은 발로 개로왕의 다리를 거칠게 차며 무릎을 꿇렸다. 우악스런 밧줄이 개로왕의 몸과 목을 얽었다.

잠시 후에 우람한 몸집을 한 고구려군인이 개로왕의 목에 묶인 긴 밧줄을 손으로 끌었다. 개로왕은 동물과 같이 끌려 아차성(阿且城: 서울시 광장동 아차산성)으로 보내져 살해되었다.

이때 한성에 있던 백제인 남녀 8천 명이 사로잡혀 갔다. 그들은 인질로 끌려갔다. 고구려는 평민이 아니라 귀족들을 주로 끌고 갔다. 귀족이 인질로서 더 가치가 있었던 것이다. 끌려간 백제귀족들은 전쟁포로가 되었다.

고대에 전쟁포로가 되면 노예가 된다. 노예는 인격체가 아니다. 그들은 동물과 같이 취급받으며 평생 주인의 종이 되거나 노리개가 되어야 했다.

백제 귀족들은 자기 나라에서 살 때 귀족으로서 호화로운 생활을 하며 노예들을 부렸다. 이제는 고구려에서 노예가 되어 짐승 같은 대접을 받아야만 한다. 스산한 삶과 모멸적인 학대가 그들을 기다리고 있었다.

개로왕 한 사람의 잘못된 선택이 수많은 사람들을 나락과 탄식으로 밀어 넣었다.

백제의 참담한 패배 속에 장수왕의 숙원인 남쪽으로의 진출이 이루어졌다. 그는 남진정책의 성과를 평양으로 도읍을 옮기고 48년 뒤에야 얻었다. 이로써 고구려는 한강 유역을 확보하게 되었던 것이다.

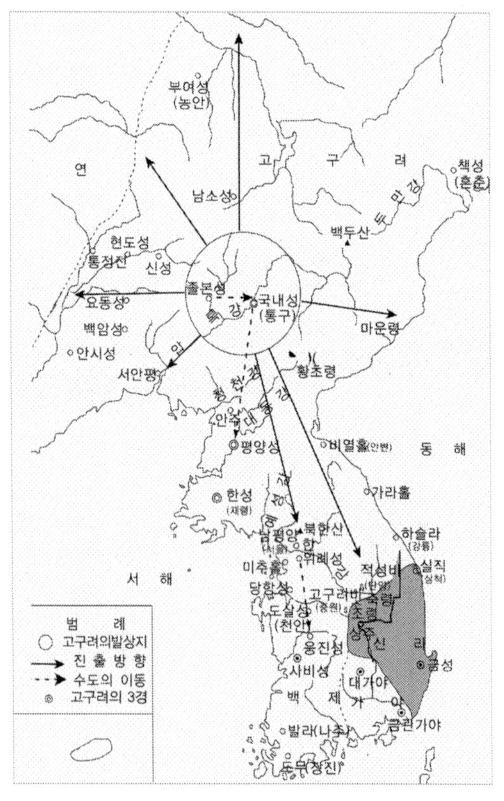

5세기 고구려 전성기의 세력 판도

장수왕이 이러한 목표를 달성할 수 있었던 요인은 무엇일까? 그 요인은 무엇보다 그가 동아시아의 국제정세에 밝았다는 점을 들 수 있다. 장수왕은 북위와 백제에 끼여 있던 고구려의 상황을 잘 인식하고 적절히 대응했던 것이다.

그는 백제를 475년 9월에 공격했다. 그 이전인 2월과 8월에 북위에 연달아 조공했다. 북위와의 친선에 노력했던 것이다.

이것은 백제를 공격하기 위해 후방 지역을 안정시키려는 전략적 배려였다. 장수왕의 외교적 의도는 성공했다. 고구려가 백제를 공격했을 때 북위군은 움직이지 않았던 것이다. 또한 이 점은 그가 백제를 공격하는 데에 북위를 얼마나 의식했는가를 잘 보여 준다.

북위를 의식한 것은 장수왕이 동원한 병력에서도 확인할 수 있다. 장수왕이 거느린 병력은 3만 명이었다. 이전에 광개토왕은 신라에 침입한 백제와 가야, 왜를 물리치기 위해 5만 명의 보병과 기병을 동원했었다. 광개토왕 대에 비해 병력 숫자가 적다.

3만 명은 북위 쪽의 국경에 배치된 군대가 아니라, 남방에 있는 군인들이 주축을 이루었다. 장수왕은 북위와의 외교관계에 신경을 쓰면서도 북위에게 허점을 보이지 않았던 것이다.

여기에서 한 가지 의문이 생긴다. 고구려와 백제는 숙적이었다. 이때 고구려가 백제를 멸망시킨다면 정치적 부담을 훨씬 덜게 된다. 장수왕은 그렇게 하지 않았다. 그는 전격적으로 한 달 안에 수도를 포위하고 한강 유역을 장악하는 것으로 일을 매듭지었다. 왜 그랬을까?

개로왕의 아들인 문주는 고구려군이 쳐들어올 때 신라에 구원을 요청하러 갔다. 그는 1만 명의 신라군사를 데리고 백제로 돌아올 수 있었다.

만약 장수왕이 백제를 멸망시키려 한다면, 이것은 신라와의 전쟁을 의미한다. 신라군 1만 명은 인계철선으로 백제에 들어왔던 것이다.

이렇게 되면 장수왕은 백제, 신라 두 나라와 전쟁을 해야 된다. 백제는 망하지 않으려고 발버둥을 칠 것이다. 신라는 백제 다음의 목표가 신라라는 것을 잘 알고 있으므로 그들의 능력을 다해 백제를 도울 것이다.

장기전이 되는 것이다. 한반도의 남쪽에서 고구려와 백제, 신라 간에 장기적인 전쟁이 벌어지는 것이다.

장수왕 대에 고구려는 가장 강력한 군대를 서쪽 중국 지역과의 국경선에 배치하고 있었다. 거기에는 역사적 경험이 녹아 있었다.

그것은 중국 지역의 정세변화 때문이었다. 조조와 유비·손권이 활약하던 삼국시대가 종식되고, 중국 지역은 위(魏)나라를 거쳐 진(晉)나라로 통일되었다.

진나라는 부패하고 사치했다. 진나라가 허약해진 틈을 타, 5개의 오랑캐라 불린 유목민 집단이 북중국 지역에 들어왔다. 이들 유목민 집단과 한족(漢族: 중국인)은 이 지역에 16개의 나라를 세웠다. 이런 혼란스런 시기를 '5호16국(5胡16國)시대'라 부른다.

북중국 지역이 어지러운 정세를 이용해, 고구려 미천왕(美川王: 300년~331년 재위)은 압록강 변에 있는 서안평(西安平: 단동)을 점령했다(311년). 그러나 미천왕의 아들인 고국원왕(故國原王: 331년~371년 재위) 때에 선비족이 세운 전연(前燕: 337년~370년)이 쳐들어왔다. 이 시기에 고구려는 무서운 상처를 입었다.

전연은 수도인 국내성을 함락시키고 미천왕(美川王)의 능을 파헤쳐 그 시신을 가져갔다. 이때 왕의 어머니와 5만 명의 고구려인들이 전연으로 잡혀갔다.

고구려인들에게 선비족은 두려운 공포를 안겨 주었다. 그런데 전연과 종족을 같이하는 선비족이 또 다른 나라인 북위를 세웠다. 북위는 동아시아에서 강력한 세력을 자랑하며 북중국 지역을 장악했다. 고구려의 신경은 가장 먼저 서쪽인 중국 지역에 가 있었을 수밖에 없었다.

고구려가 백제·신라와 싸우는 장기전을 수행하기 위해서는 북위와의 국경선에 있는 가장 강력한 군대를 빼내 와야만 된다. 이렇게 되면 고구려의 서쪽 국경선이 취약해진다. 만약 북위가 이것을 노리고 고구려를 공격한다면, 고구려는 백제, 신라, 북위와 전쟁을 하는 형세가 된다. 삼면전쟁이 되는 것이다. 이것은 고구려 멸망을 의미한다.

장수왕은 이런 점을 염두에 두고 백제에게 큰 타격을 주는 단기전으로 마무리했던 것이다.

한편으로 그는 정보의 중요성을 인식하고 도림을 파견하여 적대국인 백제의 내정을 파악했다. 그뿐 아니라 백제를 혼란으로 이끄는 첩보전을 주도했다.

영국 최고의 군사사가인 존 키건(John Keegan)은 『정보와 전쟁』에서 다음과 같이 말했다.

"알렉산드로스 대왕이 페르시아 제국에게 승리를 거둔 것은 마케도니아 왕정에 개인적인 충성을 바친 맹렬한 전투부대의 부족 전사들을 전장에 투입했기 때문이었다. 하지만 그는 또한 페르시아 제국의 약점을 공격하고, 내분을 이용함으로써 그 제국을 산산조각 냈다."

존 키건의 이 말은 장수왕의 전략에 그대로 들어맞는다. 장수왕이 백제에게 승리를 거둔 것은 고국원왕 이래로 백제에 대해 적대감을 가졌던 고구려군인들을 전장에 투입했기 때문이었다. 하지만 장수왕은 백제의 약점을 공격하고, 내분을 이용하여 그 나라를 혼란으로 몰고 갔던 것이다.

우리는 고구려를 군사강국으로 알고 있다. 그러나 고구려를 단순한 군사강국으로 볼 수 없는 이유가 있다. 그것이 바로 장수왕의 대외정책과 정보력에 숨겨져 있었던 것이다.

당 태종 이세민과
연개소문의 도덕성

1. 당 태종 이세민의 패륜

  당 태종(唐 太宗) 이세민(李世民)의 묘소인 소릉(昭陵)은 거대
하다. 그것은 마치 여러 개의 산들이 물결치듯 흘러가며 솟아
있다. 여기에는 이세민의 신하와 부인·공주 등이 같이 묻혀
있다.

당 태종의 소릉

  자연의 산들을 이용해 만든 무덤은 보는 이들을 압도시킨
다. 소릉은 중국의 섬서성(陝西省) 예천현(醴泉縣)에서 동북쪽

으로 약 25km에 있는 구준산(九峻山)에 있다. 그는 살아 있을 때에 소릉이 위치한 구준산을 자신의 묘소로 만들었다.

보통 중국 황제의 무덤은 시체가 안치된 방인 현실(玄室)을 깊이 파, 그 위에 흙을 높이 덮었다.

그러나 이세민의 무덤은 구준산의 옆에서 동굴을 파서 땅속에 궁궐을 만들고, 산을 따라 성을 쌓았다. 이세민은 이런 무덤을 만드는 것이 노동력과 비용을 절약하기 위해서라고 했다. 그는 신하와의 대화에서, 묻힐 때 관 하나면 충분하다고 했다.

그러나 산으로 무덤을 만드는 일은 흙으로 분묘를 만드는 것보다 어렵다. 왜냐하면 높고 가파른 구준산에 동굴을 뚫어야 했기 때문이다. 노동력과 비용이 더 많이 들었다.

이세민이 산으로 묘소를 만들 때, 겉으로 내건 이유는 절약이었지만 실제 이유는 다른 데 있었다. 그것은 도굴방지였다. 흙으로 쌓으면 후대에 도굴될 가능성이 높다. 험준한 산 깊은 곳에 묻으면 도굴될 가능성이 적었던 것이다.

그러니까 이세민이 자신의 묘소로 산을 이용한 데는 표면적인 이유와 실제적인 동기가 달리 있었다. 우리의 눈길을 끄는 점은, 이세민의 모순된 말과 행동이 고구려에 대한 태도에서도 보이고 있다는 점이다.

당 태종 이세민(599~649년 생존, 626~649년 재위)은 644년에 30여 만 명의 병력, 500여 척의 배와 첨단무기를 가지고 고구려를 침략했다. 이때 그는 고구려의 실권자인 연개소문의 집권과정이 도덕성이 없다는 점을 내세웠다. 그런데 이세민 자신의 집권과정도 도덕성이 결여된 채 무참한 살육을 동반했다.

이세민과 고구려(高句麗)의 연개소문(淵蓋蘇文)은 동아시아의 패권을 놓고 치열한 각축을 벌였던 인물들이다. 두 사람은 역사에서 완전히 대비되는 위치에 놓여 있다. 이세민은 승자가, 연개소문은 패자가 되었던 것이다. 이렇게 된 원인은 무엇일까? 그 이유는 간단하다. 당나라가 고구려를 멸망시켰기 때문이다

이런 점은 그들의 무덤과 초상화로 확연히 드러난다. 이세민의 릉인 소릉(昭陵)은 거대하다. 그리고 그를 그린 그림이 지금도 전해져 풍채와 얼굴을 알 수 있다. 이에 비해 고구려 연개소문의 무덤은 알려져 있지 않다. 그의 외모도 확인할 수 없다.

이세민은 우리들에게 어떻게 알려져 있을까? 그는 중국 역사상 이상적인 정치를 실현했던 군주로 많이 거론된다. 지금도 서점에는 그의 언행을 기록한 『정관정요』(貞觀政要)가 진열되어 있다. 이 책은 그의 황제로서의 면모와 황제와 신하들 간의 인간적인 관계를 묘사한 것으로 알려져 있다.

이세민(李世民)은 묘호(廟號: 황제나 왕의 이름)가 태종(太宗)이며 정관(貞觀)이란 연호를 사용했다. 정관이란 의미는 '바르게 본다'는 것이다. 이 연호는 이세민 자신이 지향했던 통치

당 태종 이세민의 초상화

이념을 잘 나타낸 것이라고 한다.

당나라는 수(隋)나라의 뒤를 이은 나라였다. 수나라는 양제(煬帝: 604~617년 재위) 때 행한 대규모 토목공사와 고구려 침략을 위한 착취로 백성들이 크게 희생되었다. 양제가 즉위한 2년 후인 대업 2년(606년)에 전국의 가구 수는 약 9백만 호였다. 그런데 20년 후인 이세민이 다스리던 정관 초에는 3백만 호도 안 되었다. 인구가 3분의 1 이상이 감소한 것이다.

이세민은 어려워진 백성들의 삶을 회복하는 데 주력했다. 정관 2년(628), 장안 부근에 메뚜기가 크게 발생하여 농작물에 큰 피해를 입힌 적이 있었다. 이때 이세민은 궁궐 정원에 날아온 메뚜기 몇 마리를 잡아 외쳤다.

"인간은 곡물로 목숨을 보존한다. 그것을 먹으려면 차라리 내 몸을 먹어라."

이세민은 잡은 메뚜기를 먹어 버렸다.

그는 재해가 있을 때에 백성들을 위한 구휼제도를 정비했다.

요역을 가볍게 하고 세금을 적게 징수하는 정책도 취하였다.

그리하여 이세민이 나라를 다스릴 때의 상황이 『구당서』(舊唐書) 태종본기(太宗本紀)에는 다음과 같이 기록되어 있다.

"백성들이 문을 잠그지 않은 채 편히 잠을 잘 수 있었다. 밖으로 여행할 때에는 식량을 가지고 나가지 않아도 어디서든 먹고 잘 수 있었다."

또한 그는 정관 16년에 신하들에게 이렇게 말했다.

"나라는 백성을 근본으로 하고, 백성들은 밥을 먹어 생명을 보존하오. 만약 식량이 부족하다면 나라는 온 백성을 가질 수 없소. 이처럼 풍년이 들었으니 나는 온 백성의 어버이로서 절약하고 사치와 낭비는 하지 않을 것이오. 나는 언제나 천하 사람들에게 상을 주어 모두 부귀하게 만들려고 하오.

부역과 세금을 줄이고 농사 시기를 빼앗지 않아 집집마다 모든 사람들이 농업 생산에 정진하도록 여건을 만들 것이오. 이와 같이 하면 백성들은 반드시 풍족해질 것이오.

또 그들에게 예절과 겸양을 실행하도록 지도하여 마을사람들 사이에서 어린이는 어른을 공경하고, 아내는 지아비를 존경하도록 할 것이오. 이것은 고귀한 일이오. 천하를 이와 같이 만들 수 있다면 나는 음악도 듣지 않고 사냥하러 가지도 않을 것이며 오직 거기에서 즐거움을 얻을 것이오."(『정관정요』)

이세민은 백성들이 무엇을 원하는가를 정확히 알고 있었다. 밥이 모든 것의 으뜸이며, 부역과 세금을 줄여야 한다는 것이 그것이다. 예로부터 이런 일을 한 인물들이 성군이 되었다.

그는 더 나아갔다. 풍년이 들었지만 황제 자신이 절약하고 사치하지 않겠다고 다짐했다. 그는 행동으로 이 점을 실천했다.

이 부분을 본다면 이세민은 이상적인 황제이다. 그런데 그는 정상적인 방식으로 황제가 된 인물이 아니었다. 그가 황제가 되었던 배경을 보자.

당을 건국한 사람은 고조(高祖) 이연(李淵)이다. 그에게는 모두 22명의 아들이 있었다. 황후 두(竇) 씨는 모두 네 아들을 낳았다. 첫째 아들이 건성(建成)이었고, 세민은 둘째였다. 셋째 현패(玄霸)는 일찍 죽었고, 넷째가 원길(元吉)이었다.

이건성은 장남으로 이세민보다 9살이 위였다. 이세민은 원길보다 5살이 위였다. 그러니까 형제간에는 나이 차가 많았다.

이건성이 20세였을 때, 이세민은 불과 11살이었다. 그러므로 두 사람은 같이 뛰어다니며 놀던 사이가 아니었다. 아마도 이건성은 어릴 때에, 이세민을 나이 어린 아우로 가볍게 보았을 것이다.

이건성과 이세민이 역사의 전면에서 활동하는 시기는 617년 무렵이다. 이 무렵은 수나라가 몰락의 길로 들어서고 전국이 혼란스러울 때였다. 이들의 아버지 이연(李淵)은 진양에서 군대를 모으고 민심을 얻으며 중원을 제패할 꿈을 꾸고 있었다.

이연이 이건성과 이세민을 불러 말했다.

“서하군(西河郡)의 군승(郡丞) 고덕유(高德儒)가 나의 명령을 듣지 않는다. 너희 둘이 군사를 이끌고 서하군을 치도록 해라. 처음으로 전쟁을 지휘하는 너희들이 잘 해낼지가 걱정이구나.”

두 사람은 동시에 대답했다.

“염려하지 마십시오, 아버지, 서하군을 차지하고 오겠습니다.”

이때 이건성의 나이는 27세였고, 이세민은 18세였다. 전쟁의 지휘권을 두 아들에게 맡긴 이연은 마음이 놓이지 않아 태원현(太原縣) 현령인 온대유(溫大有)를 불러 부탁했다.

“나의 아이들이 나이가 어리니, 경이 군사적인 일에 도움을 주시오. 일의 성패는 마땅히 이번의 일을 가지고 예상해 보아야 할 것이오.”

온대유는 두 손을 모아 대답했다.

“예, 정성을 다해, 두 분 자제님을 돕겠습니다.”

드디어 이건성과 이세민은 군사들과 함께 서하군을 향해 떠났다. 이때 군사들은 새로 모집되어 훈련이 제대로 되지 못한 상태였다. 그러나 두 사람은 군사들과 같이 잠을 자고 밥을 먹으며 그들과 같은 생활을 했다. 도중에 적을 만나면 몸소 앞장서 싸웠다.

이때 야영을 하며 이건성이 이세민에게 말했다.

“지금의 난세에는 민심을 얻는 것이 무엇보다 중요하다. 아버님도 이 점을 항상 강조하시지. 채소와 과일을 훔쳐서 먹는 군사가 있다고 한다. 이런 행위를 금지하도록 하자. 군사들이 반드시 채소와 과일을 사서 먹도록 하는 것이 어떻겠느냐?”

이세민은 진지하게 대답했다.

"예, 형님, 곳곳에서 봉기군이 일어났지만 실제로는 도적과 같이 남의 재물과 물자를 약탈하는 예가 많다고 합니다. 형님의 말씀대로 이를 군사들에게 포고하겠습니다."

그러나 군사들 중에 채소와 과일을 훔치는 사람들이 있었다. 이건성과 이세민은 이럴 때에 항상 주인들을 찾아가 변상했다. 훔친 사람들을 나무라지도 않았다. 이렇게 되자 백성과 군사들이 마음으로 따르고 기뻐하였다.

드디어 그들은 서하군을 공격하여 쉽게 함락시켰다. 이건성과 이세민은 서하군의 군승 고덕유의 죄를 물어 죽였으나 군의 주민들은 한 사람도 죽이지 않았다. 오히려 주민들을 위로하며 생업을 유지하도록 하였다. 이런 행동에 모든 사람들이 기뻐했다.

그들은 군사를 이끌고 서하군에서 9일 만에 진양으로 돌아왔다.

무사히 서하군을 공략하고 귀환한 두 사람에게 이연이 기뻐하며 말했다.

"이렇게 행군한다면 천하를 가로질러 갈 수 있겠구나."

이처럼 이건성과 이세민은 천하가 혼란으로 빠져들 시기에 아버지 곁에서 우애 있게 지냈다. 그러나 전쟁과 권력이 이들의 사이를 갈라놓고 있었다.

618년에 이연은 당(唐)을 건국했다. 이연은 당나라의 첫 번째 황제로서 고조(高祖)라 불렸다. 당나라가 혼란스러운 중국을 평정하여 통일을 완성한 때는 628년이다.

통일전쟁을 수행할 때, 이세민은 군사적 재능을 발휘하여 두각을 나타냈다. 이세민은 당에 저항하던 왕세충(王世充), 두건덕(竇建德), 설인고(薛仁杲), 유무주(劉武周) 등 호족과 귀족들을 무찔렀다. 이런 공로로 아버지인 이연으로부터 천책상장(天策上將)이라는 칭호를 얻기도 하였다. 천책상장이란 하늘의 계책을 가진 뛰어난 장군이라는 뜻이다. 이로 보아 이세민이 군사전략에 있어 지모가 뛰어난 인물이었음을 알 수 있다.

이에 비해 이건성은 수나라가 망하고 당나라가 중국을 차지하는 혼란한 시기에 태자가 되었다. 그는 아버지인 당 고조, 이연을 정무 면에서 보좌하여 정책결정에서 공을 세웠다.

전시와 같은 비상시국에는 전쟁에서 세운 전공이 어떤 업적보다 먼저 평가받는다. 당연히 이세민의 영향력은 높아져 갔다.

그렇지만 이세민이 군사적인 공을 세운 것은 아버지인 이연을 빼놓고는 생각할 수가 없다. 이연은 당국공(唐國公)의 자리에 있었던 명문가 집안 출신이다. 그의 이모는 수 문제(隋文帝)의 부인인 독고황후(獨孤皇后)였다.

수 말의 혼란기에 많은 지방의 호족들이 이연에게 귀순했다. 여기에는 이연이 명문가라는 점과 그가 친화력를 가지고 있었다는 요인이 컸다.

더욱이 그는 수(隋) 양제(煬帝)와 달리 백성들의 지지를 대단히 중요시했다. 세금을 수나라에 비해 크게 줄여 백성들의 부담을 덜어 주었던 것이다. 백성들은 이연을 존경했다.

이세민이 20대 약관의 나이에 군대를 지휘하게 된 데에는 이런 아버지의 배경이 컸다.

그런 상황에서 보위를 이을 태자와 실력자였던 이세민 사이에 긴장관계가 형성되었다. 이것은 다음 황제가 누가 되느냐는 문제와 연결되어 있었다.

태자인 이건성은 이세민이 가진 세력에 대해 군사를 모집하며 대비를 했다. 또한 이건성은 막내인 이원길과 연합하였다. 그들은 공동으로 이세민에게 대항하기 시작했다.

태자 측과 이세민 측의 대립이 격화되어 갔다. 이런 가운데 이세민은 누구도 생각하지 못한 일을 계획하게 된다. 626년 6월 4일에 태자인 이건성과 이원길이 황제를 뵈러 궁전으로 들어가기로 되어 있었다. 이세민은 이때를 노렸다.

이세민과 그의 군대는 현무문(玄武門: 황성의 중문) 안에서 태자를 기다리고 있었다. 태자 측의 경계는 삼엄했다. 그러나 현무문은 궁궐이었다. 거기에는 병력이 들어가지 못하도록 되어 있다. 태자와 원길도 인솔해 간 2천 명의 정예병들을 현무문 밖에 머물게 하고 궁궐 안으로 들어갔다.

이때 중요한 역할을 한 인물이 현무문의 수비대장 상하(常何)였다. 그는 태자의 옛 부하로 태자파로 간주되고 있었다. 그러나 상하는 이세민에게 매수되어 있었다. 이세민은 현무문 안쪽에 군사들을 숨겨 두었다.

그는 부하들과 함께 직접 활을 당겨 궁전으로 들어온 건성과 원길을 사살했다. 정변은 어이없게 끝나고 말았다.

당 고조 이연은 두 아들이 죽었다는 소식을 듣고 장안에 있던 인공호수로 가 배를 타고 도망했다. 이세민은 자신의 심복인 울지경덕(尉遲敬德)을 이연에게 보냈다.

황제 앞에서는 평상시에 무기를 소지하지 못하게 되어 있다. 울지경덕은 갑옷을 입고 창을 쥔 채 이연을 만났다.

이연이 말했다.

"오늘 화란을 일으킨 사람은 누구인가? 그대가 여기 와서 무엇을 하려는가?"

울지경덕이 들고 있는 창의 손잡이에 힘을 불끈 주고 거칠게 대답했다.

"태자와 제왕(이원길)이 반란을 일으켰습니다. 진왕(이세민)께서 군사들을 일으켜 그들을 죽였습니다."

이연은 두 아들이 죽었다는 소식에 이미 넋이 나가 있었다. 더군다나 울지의 무기와 거친 태도에 생명에 위협을 느꼈다. 그는 힘없이 말했다.

"생각하지 않게 오늘 이런 일을 보게 되었다. 도대체 어찌하면 좋겠는가?"

이 한마디에 그의 울분과 무력감이 담겨 있었다. 이연은 힘이 없었다. 이세민은 이건성의 아들 다섯과 이원길의 아들 다섯도 죽였다. 이연은 손자 10명을 한꺼번에 잃었다.

이세민은 비열한 방법으로 형인 태자와 동생을 죽이고 아버지인 황제를 위협했다. 그는 쿠데타를 일으키고 나서 3일 뒤에 태자 자리를 차지했다. 이 점은 이세민이 태자 자리를 힘으로 빼앗았다는 것을 의미한다.

당 고조 이연은 이세민에 대한 두려움으로 그해 8월에 황
제 자리마저 넘겨주어야만 했다.

2. 연개소문의 쿠데타

무대를 바꿔 고구려로 가 보자. 이세민의 쿠데타가 일어난 지 16년 후에, 고구려에서는 중요한 정변이 일어났다. 연개소문이 쿠데타를 일으켰던 것이다.

그런데 연개소문에 대한 기록은 연개소문 측의 입장을 바탕으로 서술된 것이 아니다. 지금 남아 있는 그에 대한 기록은 신라나 당나라의 사료를 바탕으로 한 것이다. 신라와 당은 고구려를 멸망시킨 나라이다. 그러므로 신라와 당나라가 이들 국가에 맞섰던 연개소문에 대해 좋게 서술할 이유는 없을 것이다. 이런 점을 감안하고 『삼국사기』 개소문 열전(『三國史記』 蓋蘇文 列傳)에 기록된 연개소문에 대한 평판을 보자.

"(연개소문이 대신들을 살육하고 왕을 죽인 후) 멀고 가까운 곳을 호령하고 나랏일을 마음대로 하였는데 매우 위엄이 있었다. 몸에 다섯 개의 칼을 차고 다녔으며 좌우의 사람들이 감히 쳐다보지 못하였다. 말을 타고 내릴 때마다 항상 귀족인 장수를 땅에 엎드리게 하여 그 등을 디디는 발판으로 삼았다. 나갈 때는 반드시 군대를 풀어 앞에 인도하는 자가 긴 소리로 외치면 사람들이 모두 달아나 도망치는데 구덩이나 골짜기를 가리지 않았다. 그러므로 나라사람들이 대단히 괴롭게 여겼다.”

이 기록에서 연개소문은 두려움을 주는 존재로 묘사되어 있다.
‘몸에 다섯 개의 칼을 차고 다녔으며 좌우의 사람들이 감히
쳐다보지 못하였다.’는 구절은 그의 개성을 잘 보여 준다. 그
는 왜 하필이면 다섯 개의 칼을 찼을까?

그 이유는 고구려의 구성과 관계되어 있다. 고구려는 계루
부(桂婁部)·소노부(消奴部)·절노부(絶奴部)·순노부(順奴部)·
관노부(灌奴部) 다섯 개의 부가 연합하여 국가로 되었다.

이 다섯 개의 부는 고국천왕(故國川王: 179~197년 재위) 대
에, 방위명을 의미하는 동·서·남·북·중부로 그 명칭이
바뀌었다. 이들 5부가 고구려 정치를 주도했다.

그가 찬 다섯 개의 칼은 바로 5부를 칼로써 다스리겠다는
의미를 가지는 것이다.

다섯 개의 칼은 무단적인 이미지와 함께 상대방에게 공포
감을 주는 정치적인 도구로 이용되었다. 그리하여 좌우의 사
람들이 감히 쳐다보지 못했던 것이다.

그는 사람들에게 공포 그 자체로 비쳐지는 것을 원했던 듯
하다. 그래야 감히 그에게 도전할 생각 자체를 가지지 못하는
것이다.

이런 그의 정치적인 제스처는 사람들에게 효과적으로 먹혀
들었다. 귀족인 장수가 엎드린 등 위를 밟고 말에 탔다는 것은
귀족들이 연개소문에게 완전히 굴복하고 있었음을 말한다.

연개소문이 행차하는 소리에 사람들이 구덩이나 골짜기로 도망쳤다는 데에서 그의 정치적인 이미지는 성공했다.

연개소문은 대신들을 살육하고 왕을 죽였다. 이것은 명백한 쿠데타이다. 집권과정이 불법적이었으므로 그의 내면은 항상 쿠데타에 대한 공포감이 잠재되어 있었을 것이다. 역사를 보면 쿠데타는 하극상(下剋上: 아래가 위를 꺾음)을 불러왔기 때문이다.

그는 사람들에게 공포심을 유발하여 아예 자신에게 도전할 마음을 품지 못하도록 할 필요가 있었다. 이 때문에 그는 공포의 이미지를 스스로 만들었다.

연개소문은 어떤 인물일까?

"개소문(蓋蘇文)의 성은 천(泉)씨다. 스스로 물속에서 출생했다고 하여 여러 사람들을 미혹하게 하였다. 모습이 뛰어나고 씩씩하며, 뜻과 기상은 작은 일에 연연하지 않았다. 그 아버지인 동부대인(東部大人) 대대로(大對盧)가 죽으니 연개소문이 마땅히 그 뒤를 이어야 했다. 그러나 나라 사람들이 그의 성격이 잔인하고 포학함을 미워했으므로 그 자리를 이을 수 없었다.

연개소문이 머리를 조아리고 여러 사람들에게 사죄하고 그 직위를 임시로 맡기를 청하였다. 그리고 만약 옳지 못한 일이 있으면 관직을 없애더라도 후회하지 않을 것이라고 하였다. 여러 사람들이 불쌍히 여겨 드디어 관직의 계승을 허락하였

다.”(『삼국사기』 개소문 열전)

이 기록에서 보듯이 연개소문은 잔인하고 포악하지만 불리하면 굽힐 줄도 아는 면모를 보이고 있다. 이 점은 연개소문이 상황에 따라 유연하게 대처하는 능력을 가지고 있었음을 말한다.

이러한 연개소문이 쿠데타를 일으켰다. 그의 쿠데타는 고구려와 당나라의 관계와 연관이 있었다. 당 태종은 631년(영류왕 14년, 당 태종 5년)에 고구려에 사신을 보내, 이전에 고구려에서 전사한 수나라 군인들의 무덤에서 해골을 수습하여 제사 지내겠다고 하였다. 고구려는 이를 받아들였다.

한 걸음 더 나아가, 당은 사신을 보내 경관(京觀)을 헐도록 요구했다. 경관은 을지문덕(乙支文德) 장군이 수와의 전쟁에서 승리한 기념으로 만들어진 건물이었다. 당의 요구에 대해 영류왕은 경관을 헐었다.

이렇게 되자 조정 내에서는 연개소문이 중심이 되어 영류왕(榮留王: 618~642년 재위)을 비판하기 시작했다. 그들은 고구려의 자주성을 지키기 위해 당과의 전쟁도 불사해야 한다고 주장했다.

이때의 고구려는 연개소문을 중심으로 한 대당 강경파와 영류왕을 비롯한 대당 온건파로 대립되어 있었다.

영류왕은 당에 대해 유화적인 정책을 취하면서도, 침략에 대비했다. 그는 경관을 헐었던 바로 그해에 천리장성을 쌓도록 했다.

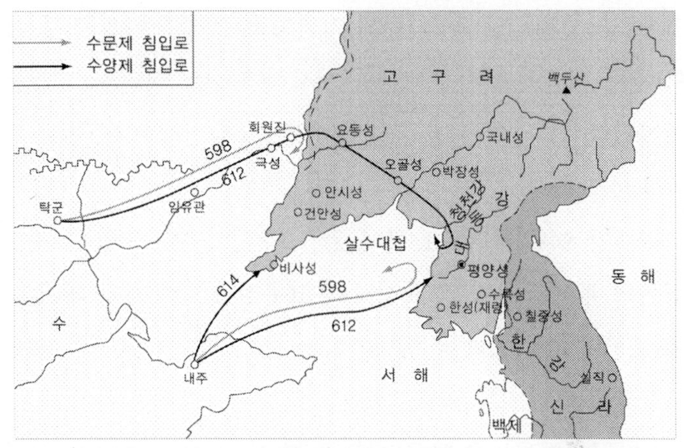

고구려와 수의 전쟁

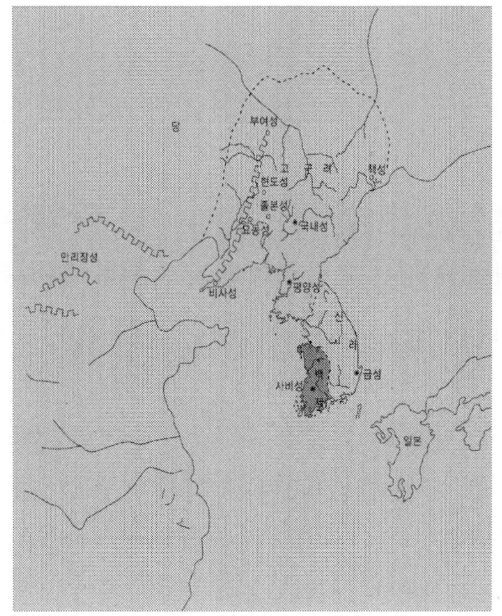

천리장성

천리장성은 고구려의 동북 지역인 부여성(扶餘城: 만주 농안)에서 서남쪽으로 발해만의 비사성(卑沙城: 대련)에 이르는 성이었다. 그 길이는 천여 리에 이르며 631년에서 647년에 걸쳐 건설되었다.

영류왕 24년(641년) 12월에 왕은 중신회의를 열었다. 중신회의의 주제는 초미의 관심사인 고구려가 당나라에 대해 어떤 정책을 취하느냐는 문제였다.

영류왕이 옥좌에 앉아 말했다.

"내가 여러분들을 부른 이유를 잘 알 것이오. 당과의 문제에 대해 기탄없이 말해 보시오."

서부대인이 아뢰었다.

"폐하, 지난번에 당나라 사신이 왔을 때 경관을 헌 것은 우리의 자존심을 상하게 했습니다. 그러나 예전 수나라와의 거듭된 전쟁으로 민생은 도탄에 빠지고 국가의 재정은 바닥나고 있습니다. 당분간 나라의 자존심에 금이 가더라도 당나라와 평화관계를 유지하도록 노력해야 될 것이라 생각되옵니다."

서부대인의 이야기가 끝나자 갑자기 고함치는 소리가 들려왔다. 동부대인 연개소문이었다.

"닥치시오, 경관을 헌 것은 우리가 당나라에 대해 약하다는 것을 스스로 보여 준 꼴이었소. 당나라의 목표는 동아시아에서 패권을 잡으려는 것이오. 왜 그것을 모른단 말이오?"

서부대인은 얼굴이 시뻘게져 목소리를 높였다.

"연 대인, 폐하께서 계신 자리에 무례하게 고함을 칠 수 있소?"

연개소문은 서부대인을 손가락질하며 더 크게 외쳤다.

"당에 자존심을 굽혀 가며 평화를 구해서는 안 되오."

영류왕이 연개소문을 노려보며 말했다.

"연 대인, 그대는 전쟁으로 백성들이 희생되는 것을 보고 싶은가?"

"당나라의 목표는 고구려입니다. 전쟁은 피할 수 없습니다."

영류왕은 왕을 무시하는 듯한 연개소문의 말투와 행동에 화가 났다. 그는 잠시 생각을 한 후에, 입을 열었다.

"연 대인, 그대가 당나라에 대해 적극적인 대처를 주장하니, 천리장성을 축조하는 책임을 맡는 것이 어떻소? 10년 전에 천리장성을 짓기 시작해 지금은 마무리 단계요. 천리장성 축조를 감독하면서 변방에 있는 당나라 군대의 동태를 살필 수도 있지 않겠소?"

연개소문은 머뭇거렸다. 그러나 달리 왕의 제안을 거절할 구실이 없었다.

그렇게 하여 영류왕 25년(642년) 1월에, 연개소문은 천리장성을 쌓는 책임자로 가게 되었다. 이런 임명에는 연개소문을 수도인 평양에서 멀리 내보내 그의 세력을 꺾어 보겠다는 왕의 의도가 있었다. 그리고 당나라 문제로 왕에게 거칠게 도전하는 연개소문의 기를 눌러 보겠다는 목적이 있었다.

여기에 대해 연개소문 역시 대당 강경파를 중심으로 자신의 세력을 모으고 있었다.

같은 해 10월에 연개소문은 평양으로 소환되었다. 집으로 돌아온 연개소문에게 아들인 남생(男生)이 말했다.

"아버지 그동안 잘 지내셨습니까? 천리장성을 쌓는 일은 진척이 되어 갑니까?"

연개소문은 아들의 인사를 받으며 자리를 권했다.

"여기 앉아라, 그래 천리장성은 계획대로 건설되고 있다. 요즘 평양의 공기는 어떠냐?"

남생은 갑자기 목소리를 줄이며 입을 열었다.

"아버지, 실은 대단히 중요한 정보가 있습니다."

연개소문은 몸을 남생 쪽으로 당기며 말했다.

"대단히 중요한 정보라니? 그게 무엇이냐?"

"왕이 비밀리에 여러 대인들과 의논하여 아버지를 죽이려 한다는 것입니다."

연개소문은 떨리는 목소리로 다그치듯 말했다.

"그런 중요한 일이 어떻게 너의 귀에 들어갔느냐?"

"예, 중부대인이 그 자리에 있었습니다. 그가 비밀리에 저에게 알려 주었습니다."

연개소문은 수염을 부르르 떨며 격노했다.

"왕이 나를 먼 변방에 보냈어도 나는 명령에 따랐다. 그런데 나를 죽이려 하다니?"

"아버지, 그냥 당할 수는 없는 것 아닙니까? 이참에 당나라에 대해 유화책을 쓰는 왕과 대인들을 쓸어버립시다."

"묘책이 있느냐?"

"예, 있습니다. 그들의 허점을 치는 것입니다."

"허점이라니?"

"우리 부(部)의 군사를 다 모아 사열식을 하는 것처럼 위장합니다. 아버지께서 변방에 계시다가 오셔서 사열식을 하는 것이니, 그들은 의심하지 않을 것입니다. 이때 술과 음식을 성(城)의 남쪽에 성대히 차려 놓고 대신들을 초청합니다. 그들이 마음 놓고 술과 음식을 먹을 때 덮치는 것입니다."

연개소문은 남생을 똑바로 쳐다보며 물었다.

"왕은 어떻게 하지?"

남생은 자신 있게 대답했다.

"왕이 있는 궁의 수비 병력은 얼마 되지 않습니다. 우리 부의 군사가 쉽게 제압할 수 있습니다."

"좋다, 비밀리에 부의 군사들을 훈련시키고, 대신들을 초청해라."

드디어 남생의 계획대로, 연개소문은 부의 사열식에 대신과 손님들을 초대하였다.

그들이 아무것도 모르고 술과 음식을 먹으며 즐길 때였다. 연개소문 측의 군인들이 갑자기 칼과 창을 들고 닥치는 대로 잔치에 참여한 모든 사람들을 살육하기 시작했다. 잔치는 아비규환으로 끝났다.

죽은 사람의 수가 백여 명에 달하였다. 연개소문은 곧 궁중으로 달려 들어가 영류왕을 죽여 여러 토막으로 잘라서 개천에 버렸다. 그리고 왕 동생의 아들 장(臧)을 왕으로 세우고 스스로 대막리지(大莫離支)가 되었던 것이다.

이와 같이 연개소문의 쿠데타는 기습적으로, 잔인하게 이루어졌다.

놀랍게도, 연개소문이 일으킨 정변은 당 태종의 정변과 닮아 있다. 먼저 두 정변은 아래가 위를 꺾은 하극상(下剋上)을 그대로 보여 준다. 당 태종은 형인 태자를 죽이고 아버지인 고조를 억압하였다. 연개소문은 대신들과 영류왕을 죽였다.

다음으로, 이들 정변은 두 세력이 예각으로 대치하는 가운데 기습적으로 이루어졌다. 당 태종은 궁궐에서 무방비 상태의 형과 동생을 직접 활로 쏘았다. 연개소문은 잔치에서 술과 음식을 먹는 무방비 상태의 대신들을 살육하였던 것이다.

정변은 잔인하다는 점에서도 닮아 있다. 당 태종은 정치와 아무런 관련이 없는 조카 10명을 죽였다. 연개소문은 잔치에 초대된 손님 모두를 죽였던 것이다.

3. 당 태종 이세민이 고구려를 침략한 실제 이유

　지금까지 보듯이 이세민과 연개소문의 집권과정은 도덕성이 결여된 것이다. 이러한 예는 역사서에 많이 나타난다. 그러므로 굳이 두 가지 예를 왜 들었느냐고 물을지 모른다.

　이세민은 연개소문에 대해 죄를 묻고 있다. 그 죄가 도덕성에 관한 것이다. 정말로 이세민은 연개소문의 행위에 대해, 도덕적으로 분노했을까?

　이 문제를 풀기 위해서는 당 이전의 왕조인 수(隋)나라의 상황을 알 필요가 있다. 수나라는 수백 년간 분열되어 있던 중국 지역을 통일했다. 수나라는 589년에 진(陳)나라를 멸망시키고 중국 지역을 통일했던 것이다.

　고구려는 수의 통일 이전에, 중국 지역에 있던 왕조인 남조(南朝)와 북조(北朝)가 대립하고 있는 형세를 잘 활용하여, 독자적인 세력권을 이루었다. 이때에 고구려와 중국 지역의 국가인 남조·북조와는 커다란 전쟁이 없이 평화관계가 유지되었다. 서로가 견제하는 힘의 균형이 유지되었기 때문이다.

　중국 지역에서 수나라가 진나라와 공존하고 있을 때도, 이러한 평화관계가 유지되었다. 평원왕(平原王: 재위 559~590년) 26년(584년)에 고구려 사신이 수나라에 갔을 때, 수나라는 궁전인 대흥전(大興殿)에서 연회를 베풀어 줄 정도로 우호적이 었다. 수나라의 우호적인 태도에는 이유가 있었다.

중국 남쪽에 있던 진나라를 의식했기 때문이다. 만약 수나라가 진나라를 침략할 때, 고구려가 수나라의 배후를 공격한다면 어떻게 될까? 수나라는 커다란 위험에 직면하게 된다.

그런 까닭에 수나라는 고구려에게 평화적으로 대했다. 이제는 상황이 바뀌었다. 수나라가 진나라를 멸망시키고 중국 지역을 통일했던 것이다.

수나라는 독자적인 세력권을 가지고 동아시아에 존재하던 고구려를 용인할 수 없었다. 이런 점을 잘 보여 주는 것이 수를 창업한 문제(文帝: 재위 581~604년)가 589년에 고구려의 평원왕(平原王: 재위 559~590년)에게 보낸 국서이다.

"짐(朕)은 천명(天命)을 받아 온 세상을 사랑으로 다스리고, 왕에게 바다 한구석을 맡겨서 조정의 교화를 펴 모든 인간에게 저마다의 뜻을 이루게 하였소. 왕은 해마다 사신을 보내와 조공을 바치며 속국(屬國)이라고 하지만 성의를 다하지 않고 있소.

왕이 남의 신하가 되었으면 모름지기 짐(朕: 수 문제)과 덕을 같이 베풀어야 할 터인데, 오히려 말갈을 몰아치고 거란을 가두었소. (중략)

왕은 사자(使者)를 빈 객관(客館)에 앉혀 놓고 삼엄한 경계를 펴며, 눈과 귀를 막아 끝내 듣도 보도 못하게 했소. 무슨 음흉

한 계획이 있기에 남에게 알리고 싶지 않아서 관원을 막으며, 그 살피는 것을 두려워하는 것이오.” (후략)[『수서』 동이 열전 고구려조(『隋書』 東夷 列傳 高句麗條)]

위의 국서에서 보이는 말갈과 거란은 고구려의 세력권에 있었다. 고구려는 말갈과 거란 지역을 장악하고 있었던 것이다. 수나라는 이러한 고구려의 세력권을 인정하지 않았다.

더욱이 고구려는 수나라 사신을 연금하다시피 하고 있다. 이 점은 수나라가 고구려의 내정을 염탐하지 못하게 하려는 목적이 있었을 것이다. 고구려는 수나라를 경계하고 있었다.

고구려와 수나라의 전쟁은 필연적이었다. 두 나라는 4차례에 걸쳐 전쟁을 치렀다. 우리가 잘 아는 을지문덕 장군의 살수대첩도 바로 수 문제의 뒤를 이은 양제의 침입을 막는 과정에서 일어났다.

수나라의 양제(煬帝)는 황제의 시호이다. 시호란 중국과 한국·일본 등에서 황제와 왕, 황후와 왕비, 신하 등이 죽으면 국가에서 주는 특별한 칭호이다.

황제의 시호는 예식을 맡는 관리가 정하는 것으로, 후임 황제의 참석하에 가장 존경받는 조정대신이 제천의식에서 하늘을 부르며 주었다.

그런데 양제(煬帝)에서, 양(煬)이란 뜻은 ‘여자를 좋아 한다’는 의미와 ‘녹인다’는 뜻을 가지고 있다. 양제는 여자를 좋아한 황제 또는 나라를 녹여 버린 황제라는 의미이다. 이 시호는 중국 역사상 최악의 시호 가운데 하나이다.

양제 때 수나라는 망한 것과 다름없이 되었다. 수나라가 망한 중요한 원인 중의 하나가 고구려를 침략한 것이었다. 수나라 백성들은 고구려를 침략하는 데 동원되어 극도로 피폐해져 있었다.

고구려를 침입할 무렵의 광경을 보자. 수양제 7년(611년) 2월, 유주 총관 원홍사(元弘嗣)에게 동래 해구로 가서 3백 척의 군용선을 건조하도록 했다. 이때, 관리들의 감독이 엄격하여 공장(工匠)들은 밤낮으로 물속에서 일을 해야만 했다. 이 때문에 허리 아래 부분이 썩어 구더기가 생겼으며, 절반에 가까운 사람들이 죽었다.

이 밖에도 고구려 침략을 위해 수십만 명이 밤낮으로 무기와 갑옷, 성(城)을 공격하는 도구들을 운송하였다. 그런 과정에서 죽은 사람이 서로 베개를 베고 누워 있을 정도였으며, 썩은 냄새와 오물이 길에 가득 찼다. 농사일은 때를 놓치고 논밭이 황폐해져 갔다.

결국 수나라는 민심의 이반으로 멸망하고 말았다. 수를 이은 당(唐)나라의 창업자, 고조(高祖) 이연(李淵)은 고구려와 화친정책을 추진했다. 그 이유는 수의 멸망과 당의 통일과정에서 나타난 중국 내부의 혼란 때문이었다. 아직 중국이 불안정했으므로 고구려를 침략할 여력이 없었던 것이다. 고구려 역시 수와의 전쟁으로 지치고 피폐해져 있었다.

그리하여 수의 뒤를 이은 당나라와 고구려 사이에는 평화의 기운이 흐르게 되었다.

622년 당나라는 고구려와 수와의 전쟁 과정에서 생긴 포로 교환을 제의하면서 고구려인 포로를 되돌려 주었다. 이에 따라 고구려에서도 중국인 포로 1만여 명을 되돌려 보냈다.

624년과 625년에는 당 고조가 도교(道敎)의 도사와 천존상(天尊像)·경전 등을 보냈다. 고구려는 당나라에 사람을 보내 불교와 도교를 배워 오게 했다.

그러나 당나라에 이세민(태종)이 등장하자 상황이 달라졌다. 그는 당 고조 때와 달리 중국 지역의 정국이 안정되었다고 판단했다. 이세민은 수양제가 이루지 못했던 고구려 점령을 이루고자 했다. 결국 그는 수 문제·양제와 같이 독자적인 세력권을 형성한 고구려를 용인할 수 없었다. 이것이 당나라가 고구려를 침략한 실제적인 원인이었던 것이다.

그런데 『구당서』는 고구려 침략의 동기를 다음과 같이 기술하고 있다.

"정관 17년에 (중략) 사농승 상리현장에게 새서(璽書: 황제의 도장이 찍힌 문서)를 주어 고려(高麗: 고구려는 장수왕 때 국호를 고려로 하였다)로 보내, 신라를 치지 말도록 하였다. 개소문이 현장에게,

'고려와 신라는 원수를 맺은 지가 오래되었다. 지난날 수나라와 서로 싸울 적에 신라가 그 틈을 타서 고려 땅 5백 리를

빼앗고, 성읍을 모두 차지하였다. 스스로 그 성지(城地)를 돌려주지 않는다면 싸움을 그만둘 수 없을 것이다.'라고 하였다. 현장이, '이미 지나간 일을 되풀이 말해서야 되겠는가.'라고 했으나, 소문(蘇文)이 끝내 듣지 않았다. 이에 태종이 신하들을 돌아보며, '막리지(莫離支: 연개소문)가 그의 임금을 시해하고 대신들을 다 죽였다. 형벌을 쓰는 것이 함정과 같아서 백성들을 움직이는 대로 죽이며, 원한이 사무쳐 길가에서도 눈짓을 한다. 대개 군사를 일으켜 백성을 위로하고 죄인을 친다는 것은 모름지기 명분이 있어야 한다. 그가 임금을 시해하고 아랫사람을 학살한 구실을 내세운다면 무너뜨리기가 매우 쉬울 것이다.'라고 하였다." [『구당서』(舊唐書) 동이 열전(東夷 列傳) 고구려(高句麗)]

결국 이세민은 대군을 동원하여 고구려를 침략했다. 연개소문이 임금을 시해하고 대신들을 죽였기 때문에 이세민은 고구려를 공격했던 것일까?

그렇다면 이세민은 상식적인 기준으로 이해될 수 없는 인물이다. 그는 황제인 아버지에게 반역하였으며, 태자인 형과 동생을 죽였다. 이세민은 연개소문에 대해 비난할 자격이 없는 것이다.

여기에서 우리는 이 사건이 가지는 실제적인 면과 표면적인 구실을 알 수 있다.

이세민은 실제적으로 독자적인 세력권을 가진 고구려를 용인할 수 없었다. 그래서 그는 고구려를 침략했다. 하지만 그가 고구려 침략의 명분으로 내건 표면적인 구실은 전혀 달랐다. 그는 연개소문의 부도덕성을 말하며, 이것을 고구려 침략의 구실로 삼았다.

결국 이세민이 고구려에 침입한 데에는 실제적인 면과 표면적 구실이라는 두 가지 요인이 놓여 있었다. 이 점은 오늘날 벌어지고 있는 사건에도 적용될 수 있을 것이다.

대식가 김춘추(金春秋)가 밥을 먹지 않은 이유

-한 개인의 복수심이 역사의 흐름을 바꾸어 놓다-

1. 태종무열왕(太宗武烈王) 김춘추(金春秋)의 식사량

김춘추는 태종무열왕(602~661년 생존, 654~661년 재위)으로 알려져 있는 신라(新羅)의 임금이다. 그는 김유신(金庾信)과 더불어 백제(百濟)를 멸망시키고 삼국통일의 기초를 다졌던 인물로 우리들에게 알려져 있다.

한국 고대의 역사가 기록된 『삼국유사』(三國遺事)에, 김춘추는 음식을 대단히 많이 먹었던 사람으로 기록되어 있다. 이 책을 지은 일연(一然)은 이례적으로 그가 얼마나 많은 음식을 먹었는지, 고기(古記)를 인용하여 적고 있다.

"그의 식사는 하루에 쌀 세 말(斗)과 수꿩 아홉 마리였는데, 경신년(660년)에 백제를 멸망시킨 이후로는 점심을 먹지 않고 아침과 저녁만을 먹었다. 그러나 이것들을 계산해 보면 하루에 쌀 여섯 말, 술 여섯 말, 꿩 열 마리였다."

김춘추가 하루에 먹은 쌀 세 말(斗)은 어느 정도의 양이었을까? 고대의 부피를 나타내는 도량형제는 식량생산을 나타내는 데 쓰인 것이다. 이런 까닭에 그 중요성이 크나, 자료가 너무나 부족하여 실체를 확실히 알 수 없다.

대체로 고대 양제(量制)의 단위는 10홉(合)이 1되(升)이며 10

되가 1말(斗)이었다. 이때 1되의 용량은 200ml에서 삼국통일을 전후한 시기에 당(唐)의 영향으로 300ml로 커진 것으로 추정된다.

그렇다면 그가 백제를 멸망시키기 전에 하루에 먹은 쌀 세 말은 약 6,000~9,000ml가 된다. 이 부피는 어느 정도였을까? 우리가 일반적으로 먹는 우유갑의 부피가 200ml이므로, 대략 200ml 우유갑 30~40여 개가 김춘추가 하루에 먹은 쌀의 부피이다. 여기에 수꿩 아홉 마리까지 먹었다.

더욱이 백제를 멸망시킨 후에, 그는 하루에 쌀 여섯 말, 술 여섯 말, 꿩 열 마리를 먹었다. 앞의 계산대로 하면, 그는 200ml 우유갑 60~80여 개 부피의 쌀을 먹었다. 더욱이 그는 먹지 않던 술을 마셨다. 이 술의 부피 역시 여섯 말이니, 200ml 우유갑 60~80여 개가 된다. 쌀과 술을 합치면, 200ml 우유갑 120~160개만 한 부피를 먹었다는 것이 된다. 여기다가 그는 꿩 열 마리까지 먹었다. 그의 식사량은 백제 멸망 후에 급격하게 늘어났다.

실제로 김춘추가 이렇게 엄청난 양을 먹었는지는 의문이다. 많은 양의 음식을 먹었으므로 이런 기록이 전해졌을 것이다. 이 점은 그가 대단한 대식가였음을 보여 준다. 그런데 그의 식사량이 백제 멸망과 관련하여 달라지고 있다는 점이 흥미롭다.

김춘추의 식사량이 백제 멸망 이후에 현격하게 증가하고 있는 것이다. 그 이유는 무엇일까?

2. 신라와 백제의 각축

　김춘추가 살던 시대는 신라와 백제의 각축이 치열하게 전
개되던 때였다. 이러한 두 나라 사이의 전쟁은 서로 간의 보
복을 불러일으키고 있었다. 신라 선덕왕(善德王) 11년 7월(642
년)에, 백제의 의자왕(義慈王: 641~660년 재위)은 군대를 일으
켜 신라 서쪽의 40여 개 성을 공격하여 함락시켰다. 백제의
침략은 신라에게 대단한 충격을 안겨 주었다.

　백제가 신라를 공격한 데에는 이유가 있었다. 이 사건이 일
어나기 전인 6세기 중엽에 신라와 백제는 고구려(高句麗)가 차
지한 한강 유역을 점령하고자 하였다. 한강 유역을 차지하게
되면 신라의 진흥왕(眞興王: 534~576년 생존, 540~576년 재
위)은 상류지역을, 백제의 성왕(聖王: 523~554년 재위)은 하류
지역을 가지기로 약속했다.

　한강의 발원지는 강원도 삼척시와 금강산에 있다. 삼척시
에는 남한강의 발원지가, 금강산에는 북한강의 발원지가 있
다. 두 강은 경기도 양평군 양수리에서 만나 합쳐져, 서해로
들어가는 것이다. 그러니까 한강 상류 지역이 주로 강원도 일
대라고 한다면, 한강 하류지역은 서울을 중심으로 한 경기도
일대를 말한다.

두 나라가 고구려를 공격하려고 한 데에는 까닭이 있었다. 승산이 있다고 보았기 때문이다. 551년에 고구려는 몽골 쪽에 자리 잡고 있던 돌궐(突厥)과 전쟁을 벌이느라 주력군을 북쪽 국경에 투입하고 있었다. 더욱이 이 무렵에 왕위다툼으로 인해 귀족들은 큰 싸움을 했다. 두 나라는 고구려의 내우외환을 틈타 쉽게 한강 유역을 점령했다.

약속대로 신라는 한강 상류지역의 10개 군을 점령하였다. 백제 역시 한강 하류 지역의 한성(서울)을 비롯한 6개 군을 차지했다.

신라가 확보한 한강 상류 일대에는 비옥한 평야가 드물었다. 이에 비해 한강 하류 일대에는 김포평야와 같은 기름진 들이 펼쳐져 있다. 이 땅을 경작하기 위해 많은 사람들이 집중해서 거주하고 있었다. 신라는 한강 하류 일대에 있는 비옥한 평야와 노동력이 탐이 났다.

또한 신라는 중국과 직접적인 외교관계를 맺고 선진문화를 받아들이려는 염원을 가지고 있었다. 이 나라는 경상도 일원에 치우쳐 있어 선진문화를 가진 중국과의 외교를 위해서는 고구려와 백제를 거쳐야만 했다. 신라는 직접 중국과 외교관계를 수립하고 선진문화를 받아들이고자 하였다. 이를 위해서는 한강 하류 일대가 필요했다. 이곳은 중국과 왕래할 수 있는 항구들이 있다.

그리하여 신라의 진흥왕은 백제를 기습 공격하여 한강 하류 지역을 빼앗은 것이다(553년 7월). 신라는 여기에 경기도 광주 지역을 중심으로 한 지방행정 기관인 신주(新州)를 두었다.

백제의 성왕은 분노했다. 그는 먼저 전쟁이 아니라 신라왕과의 결혼을 통해 한강 하류 지역을 다시 차지하려고 했다. 성왕은 자신의 딸인 공주를 진흥왕 에게 시집보냈다.

진흥왕의 결심은 확고했다. 그는 신라의 발전을 위해서는 이 지역의 확보가 긴요하였다고 보았다.

드디어 성왕은 전면전을 결심하게 되었다. 554년, 백제와 대가야의 군대에게 신라를 치도록 하였던 것이다.

성왕은 동쪽의 군사령관에게 관산성(管山城)을 선제공격하도록 해 점령하였다. 그리고 위덕태자(威德太子)를 총사령관으로 한 백제군과 대가야군이 신라로 진격했다.

백제의 공격에 대해, 신라는 각간(角干) 우덕(于德)과 이찬(伊湌) 탐지(耽知)가 이끄는 중앙군인 대당군(大幢軍)을 급히 관산성 지역으로 파견했다. 각간은 신라의 가장 높은 관등이며 이찬은 두 번째 관등이다. 이런 고위 관등에는 왕족인 진골만이 오를 수 있었다. 진흥왕은 왕족을 파견했다. 그는 이 전쟁을 대단히 중시하고 있었다.

두 나라 사이에는 본격적인 전쟁이 시작되었다. 여기에서 위덕태자가 이끄는 백제군은 신라의 중앙군인 대당군을 격파했다.

성왕은 승리했다는 소식을 듣고 위덕태자가 총사령관으로 있는 전선에 위로하기 위해 갔다. 이때는 전쟁이 치열하게 진행 중이었다. 그는 50명의 경호 인원만을 데리고 격전이 진행 중인 전선을 시찰했다. 이 사실을 안 신라군은 매복해 있다가 성왕을 죽였던 것이다.

성왕의 전사는 위덕태자가 이끈 백제군의 사기를 크게 떨어뜨렸다. 본래 고대의 전쟁에 있어 왕이나 총사령관이 전사하게 되면 이기고 있는 군대라도 급격히 무너지는 경향이 있다.

백제는 신라에게 대패했다. 위덕태자와 여러 장수들이 포위망에 갇혔다가 겨우 탈출했으며, 좌평(佐平: 백제의 장관) 4명과 사졸 29,600명이 참살되었다. 백제군은 괴멸되었던 것이다.

3. 김춘추 딸의 죽음과 김춘추의 단식

　성왕의 뒤를 이은 위덕왕(威德王: 525~598년 생존, 554~598
년 재위)은 참패한 전쟁으로 귀족들에게 책임을 추궁당했다.
한강 하류 지역이 상실되면서 백제는 신라에게 수세로 몰리게
되었다.

　이런 백제와 신라의 힘의 추를 바꾼 인물이 등장했다. 백제
의 의자왕(義慈王)이 바로 그였다.

　『삼국유사』에는 의자왕에 대해 다음과 같이 기록하고 있
다. "의자왕은 무왕(武王)의 맏아들이다. 영웅으로 용맹스럽고
담력이 있었다. 어버이를 효성스럽게 섬기고 형제들과 우애
가 좋아 해동의 증자로 불렸다."

　이처럼 주위의 신망을 받던 의자왕은 즉위한 지 2년 만에
신라를 공격하였다. 그리하여 642년에, 백제는 신라의 서쪽에
있는 40여 개의 성을 차지했던 것이다. 이때 신라의 왕은 선
덕왕(善德王: 632~647년 재위)이었다.

　분명히 이러한 의자왕의 전과는 백제에서 그의 정치적 입
지를 높이게 했다. 귀족에 의해 전쟁의 책임을 추궁받던 위덕
왕과 달리, 의자왕은 즉위 초기에 귀족들로부터 복종을 이끌
어 낼 수 있었다.

바로 이 시기에 김춘추에게 충격적인 일이 발생했다. 같은 해 8월에, 백제 장군 윤충(允忠)이 군사를 거느리고 와서 대야성(경상남도 합천)을 함락시켰던 것이다. 대야성의 성주(城主)는 품석(品釋)이었으며 그의 부인은 김춘추의 딸이었다. 백제군은 품석과 김춘추의 딸을 죽였다. 신라와 백제는 죽고 죽이는 복수전을 전개하고 있었던 것이다.

김춘추는 딸의 죽음을 들었다. 이때, 그는 기둥에 의지해 하루 종일 서 있었다. 눈을 깜짝이지 않고, 사람이나 물건이 그의 앞을 지나가도 알아보지 못했다. 이러한 행동은 그가 얼마나 슬퍼하고 상심했는지를 잘 보여 준다.

이날 그는 하루 종일 음식을 먹지 않았다. 대식가였던 그가 먹지 않아도 배가 고프지 않았던 것이다.

그는 정신을 차리고 울먹였다.

"슬프다. 대장부가 되어 어찌 백제를 멸망시키지 못하겠는가."

김춘추는 원수를 갚기 위해 절치부심했으나 신라의 힘만으로는 역부족이었다. 그래서 먼저 고구려의 도움을 받기로 하였다. 그는 선덕왕에게 고구려에 군사를 청할 것을 말했다. 선덕왕의 허락을 얻어, 그는 직접 고구려에 갔다. 고구려는 죽령 서북 지역에 대한 반환이 있어야만 원병을 보내 줄 수 있다는 말을 할 뿐이었다.

김춘추가 고구려에 원병을 청했다는 것은 신라의 군사력이 백제에 비해 열세였음을 보여 준다. 실제로 선덕왕 대에 함락

당한 대야성(합천)은 신라의 수도인 경주로 가는 데 위치한 요충지였다. 이 점은 뒤 시기에 후백제의 견훤(甄萱)이 대야성을 함락시키고 경주로 바로 진격해 들어가 경애왕(景哀王)을 죽였던 것에서 알 수 있다. 선덕왕 대에 신라는 수도를 위협당하고 있었던 것이다.

선덕왕은 한국 역사상 처음으로 여자로서 왕위에 올랐다. 그런 만큼 선덕왕에게는 여느 왕들과는 다른 신기한 이야기가 전해진다.

선덕왕은 뛰어난 예지력을 가지고 있었다고 한다. 어느 날 영묘사(靈妙寺)라는 절의 옥문지(玉門池)에서 한겨울에 수많은 개구리들이 모여 사나흘 동안 울어 댔다.

개구리는 본래 겨울잠을 잔다. 그러므로 한겨울에 개구리들이 깨어나 울었다는 것은 이상한 일이다. 고대인들은 이렇게 자연현상에 이상이 있으면 단순한 재이로 보지 않았다. 그들은 이것을 정치적인 현상과 연관시켰다. 신라 사람들 역시 괴이하게 여겨 선덕왕에게 물었다.

왕은 급히 각간(角干) 알천(閼川)과 필탄(弼呑)에게

선덕왕 대에 축조된 첨성대

정예군인 2,000명을 이끌고 서쪽 교외로 가서 주민들에게 여근곡(女根谷)을 물어보라 하였다. 그곳에 틀림없이 적병이 있을 것이니 습격하여 죽이라고 말했다.

여근곡은 여인의 생식기 모양을 가진 골짜기라는 뜻으로, 경주에서 대구로 철길을 따라가다 보면 건산과 아화 사이에 있다. 여근곡이 위치한 곳은 수도인 경주 근처가 된다.

두 각간이 왕의 명령을 받고, 각기 1,000명씩을 거느리고 서쪽 교외로 가서 물었더니 부산(富山) 아래에 과연 여근곡이 있었다. 여기에 백제 군사 500명이 숨어 있었으므로 그들을 포위하여 죽였다. 백제에서 다시 후원병 1,200명이 왔지만 역시 한 명도 남김없이 죽였다.

이렇게 선덕왕 대에 신라는 백제에게 수도를 위협당할 정도로 심각한 위협을 받고 있었다.

신라의 김춘추는 군사력의 열세를 고구려를 통해 해결하려 했으나 실패했다. 다시 김춘추는 당나라와의 관계에서 백제를 멸망시킬 실마리를 찾으려고 하였다.

선덕왕의 뒤를 이어 진덕왕(眞德王: 647~654년 재위)이 왕위에 올랐다. 진덕왕은 선덕왕의 사촌동생으로 두 번째 여왕이었다.

진덕왕 2년에, 김춘추는 당(唐)나라에 사신으로 가, 조공을 바쳤다. 그는 드디어 당의 태종(太宗)을 만났다. 당 태종은 김춘추를 위해 잔치를 열고 "그대는 할 말이 있느냐."고 물었다. 이때 김춘추는 무릎을 꿇고 앉아, 다음과 같이 말했다.

"우리나라가 바다의 한구석에 있으면서 당나라를 섬긴 지 이미 여러 해가 되었습니다. 그런데 백제가 굳세고 교활하여 여러 번 침략을 마음대로 하고 있습니다. 더구나 지난번에는 대대적으로 군사를 거느리고 깊이 쳐들어와 수십 개의 성을 함락시켜 당나라로 갈 수 있는 길을 막았습니다. 만약 폐하의 군대를 빌려 그 흉악한 놈을 없애지 않으면 우리의 백성은 다 그에게 사로잡힐 것입니다. 그렇게 되면 산에 오르고 바다를 건너 조공을 바치는 일은 다시 바랄 수 없을 것입니다."

이 말을 들은 당 태종은 분명히 그럴 것이라고 하면서 군대를 보낼 것을 허락하였다."(『삼국사기』 5, 진덕왕 2년)

김춘추가 당 태종에게 한 태도와 말은 그가 얼마나 백제에게 원한을 가지고 있었는지를 말해 준다. 신라의 외교사절로 왕족이었던 그가 무릎을 꿇었다. 이러한 행위는 항복과 복종을 나타내는 것이다.

또한 그는 백제가 신라의 수십 개의 성을 함락시켜 당나라로 갈 수 있는 길을 막았다고 하였다. 그러나 백제는 신라가 이전에 차지한 한강 하류 지역을 공략한 것이 아니었다. 한강 하류 지역이 신라가 당나라와 교류할 수 있는 곳이었다.

백제는 신라의 서쪽 변경을 차지하였던 것이다. 이 지역은 신라 사신이 당으로 가는 경로와는 관계가 없는 곳이다. 이 말은 당의 원조를 구하기 위해 김춘추가 과장한 것이다.

김춘추가 백제를 가리켜 '흉악한 놈'이라 한 것은, 그가 백제에 대한 증오가 얼마나 큰지를 보여 준다.

김춘추는 백제를 멸망시키기 위해 당나라와의 관계를 더욱 돈독히 하고자 하였다. 이 점은 그가 신라의 예복을 입지 않고 당나라 것을 입기를 당 태종에게 청했던 것에서 잘 알 수 있다. 더욱이 그는 아들 문왕(文王)을 당나라에 인질로 두기까지 하였다.

최근에 신라와 당나라 태종(太宗)의 밀접한 관계를 말해 주는 유물이 발견되었다. 당 태종의 무덤은 소릉(昭陵)이다. 2004년 4월에 소릉의 북쪽지역(北司) 발굴에서 신라낙랑군왕(新羅樂浪郡王)이라 새겨진 일부조각이 발견되었다. 신라낙랑군왕이란 당이 신라왕을 책봉할 때 쓰던 직함이다. 이 명문조각은 바로 당 태종과 신라의 밀접한 관계를 보여 주는 증거이다.

당 태종은 동아시아에서 독자적인 세력을 가지고 있던 고구려와 각축을 벌이고 있었다. 그는 직접 고구려를 공격했다. 안시성에서 벌어진 치열한 전투와 당 태종의 패배는 당의 자존심에 커다란 상처를 주었다.

당 태종이 패배한 이후, 당은 한반도에서 신라와 백제 두 나라 중에 한 나라와 손을 잡아, 고구려를 양면에서 협공할 것을 꾀하고 있었다. 당이 요서 지역에서 고구려를 공격할 때 한반도에서 공격할 전략적 파트너를 찾고 있었던 것이다. 이것은 양면에서 공격하는 것으로 매우 매력적인 전략이라 할 수 있다.

이러한 당나라에 대해 신라는 완전히 굴종하는 자세를 보

였다. 진덕왕(眞德王)은 오언시(五言詩)로 된 태평송(太平頌)을
비단에 짜 넣어 당 태종의 아들인 고종(高宗)에게 바쳤다(650
년 6월). 이 시는 지금도 남아 있는데 그 내용은 당나라 황제
의 성덕을 기렸다. 당 고종은 이 글을 보고 크게 기뻐했다.

　백제는 어땠을까? 백제 역시 당나라와 외교관계를 가지고
있었다. 의자왕이 즉위한 후 당나라는 백제에 사신을 보내 의
자왕을 주국대방군왕백제왕(柱國帶方郡王百濟王)으로 책봉하였
던 것이다. 백제 또한 당나라에 사신을 보내어 선물을 보냈다.
　그 후 당나라는 백제를 시험했다. 651년(의자왕 11년)에 당
고종은 국서를 백제 의자왕에게 보냈다. 그 내용은 백제가 신
라에게서 빼앗은 40여 개 성을 돌려주라는 것이었다. 그러나
백제의 의자왕은 이를 거절했다. 이것이 당나라가 백제를 침
공하는 구실이 되었다.

4. 김춘추의 복수

이와 같은 동아시아 정세의 변동하에 신라에서는 진덕왕이
돌아가고 김춘추가 진골(眞骨)로서 최초로 왕위에 올랐다. 우
리가 무열왕(武烈王)이라 부르는 이가 바로 김춘추이다.

여기에서 진골을 살펴보자. 신라는 골품제 사회였다. 골품
에 따라 관직의 승진과 집의 크기, 옷의 색깔 등에 제한을 두
었다. 이러한 골품은 성골, 진골, 6두품, 5두품, 4두품으로 나
누어져 있었다. 이 가운데 성골은 아버지와 어머니 모두가 왕
족이며, 진골은 아버지와 어머니 중에 한쪽이 왕족일 경우를
말한다.

신라는 선덕왕과 진덕왕 대까지 성골왕의 시대였다. 이 두
왕은 여왕이었다. 여왕이 서거하고 성골이 존재하지 않게 되
자 진골이었던 김춘추가 왕이 되었던 것이다.

드디어 김춘추는 즉위한 지 6년째 되던 해인 4월에 백제를
치기 위해 당나라에 군대를 요청했다. 그러나 같은 해 10월에
이르도록 당에서 답이 없었다. 그가 조정에서 의자에 앉아 근
심하는 빛이 외모에 나타났을 때 이상한 일이 일어났다.

예전에 신하였던 장춘(長春)과 파랑(罷郎)이 나타났다. 그들
은 "신이 비록 백골이나 오히려 나라에 보답할 생각이 있습

니다. 어제 당에 갔더니 황제가 대장군 소정방(蘇定方) 등에게
명하여 군사를 거느리고 다음해 5월에 백제를 정벌하기로 한
것을 보았습니다. 대왕께서 하도 골똘히 바라보시고 생각하
시므로 여기서 알려 드립니다." 하고 없어져 버렸던 것이다.

　김춘추는 크게 놀라고 이상하게 여겨 장춘과 파랑의 자손
에게 크게 상을 주고, 한산주에 장의사(壯義寺)라는 절을 지어
그들의 명복을 빌게 했다. 김춘추가 백제를 멸망시키겠다는
집념이 이전에 죽은 신하들을 불러냈던 것이다.

　결국 김춘추가 즉위한 지 7년 되던 해(660년)인 3월에 당 고
종은 좌무위대장군(左武衛大將軍) 소정방으로 하여금 육군과
수군 13만 명을 거느리고 백제를 치게 했다. 이와 동시에 김
춘추는 김유신(金庾信) 등에게 군대를 거느리고 백제를 공격
하게 했다. 결국 당나라와 연합한 신라는 700년의 유구한 역
사를 가졌던 백제를 멸망시켰다.

　김춘추가 얼마나 자신의 딸의 죽음에 원한을 가지고 있었
는가는 그의 아들인 태자(太子) 법민(法敏)의 말과 행동에서도
드러났다.

　법민은 항복한 의자왕의 태자 부여융(扶餘隆)을 따로 불러
냈다. 칼을 빼 든 법민이 거만하게 말 위에서 입을 열었다.

　"네가 백제 태자 부여융이 맞느냐?"

　부여융이 기어들어 가는 목소리로 대답했다.

　"예."

법민이 크게 소리쳤다.

"건방지다. 감히 대신라국의 태자 앞에서 뻣뻣이 서 있는 것이냐? 무릎을 꿇지 못할까?"

부여융은 비틀거리며 무릎을 꿇었다. 법민은 말을 부여융 쪽으로 몰았다. 말 위에서 법민은 꿇어앉은 부여융의 얼굴에 침을 뱉었다. 그리고 비장하게 말했다.

"앞서 너의 아비가 나의 누이를 원통히 죽여 옥중에 파묻은 일이 있다. 그것이 나를 20년 동안 마음을 아프게 하고 머리를 앓게 하였다. 오늘 너의 목숨은 내 손에 달렸다."

부여융은 모멸감에 몸을 떨었다. 그러나 그는 목숨을 부지하기 위해 땅에 엎드려서 꼼짝도 하지 않았다.

법민은 김춘추의 고통을 지켜보며, 이러한 모욕을 부여융에게 주었던 것이다.

결국 백제의 멸망에는 김춘추 개인의 원한이 중요한 요소로 작용했다. 그리고 신라의 절박한 생존의식이 여기에 어우러져 있었다. 이것이 그로 하여금 백제 멸망을 이끌어 냈다.

이와 같이 우리는 한 개인의 절실함이 커다란 일을 해내는 것을 지금도 도처에서 목격하고 있다.

그 한 예를 보자. 노사분규가 극심했던 1980년대 대기업에서 실제로 있었던 일이다. 모든 회사의 고위임원들이 나서서 노사 간에 합의 타결을 이루려고 노력했지만 실패했다. 결국 회장이 나서서 타결을 이루어 냈다.

그때 회사 사장이 회장에게 물었다.

"회장님, 회사 임원인 우리들도 최선을 다했지만 타결을 이루지 못했습니다. 어찌하여 회장님이 나서니 타결이 됩니까?"

이 말에 회장은 진지하게 대답했다.

"그것은 절실함의 차이입니다. 사장님, 당신은 이 회사에서 다른 회사로 떠나갈 수도 있지만, 나는 갈 곳이 없어요. 이 회사가 나의 전부입니다. 해결해야만 하는 절박함이 가능하도록 한 것입니다."

김춘추의 절실함과 대기업 회장의 절실함은 동기는 달랐다. 그렇지만 그 결과는 성공을 가져왔다.

고려에 정통했던 명(明) 태조(太祖) 주원장(朱元璋)의 3가지 얼굴

1. 명나라를 세운 주원장과 고려의 갈등

14세기 후반에 중국 지역은 큰 변화가 일어나고 있었다. 1271년 칭기즈칸의 손자인 쿠빌라이가 세운 원(元)나라(1271~1368년)가 이 무렵 쇠약해졌던 것이다. 이 무렵에 한족(漢族)인 주원장이 남경(南京)을 근거지로 하여 세력을 넓혀 명(明)나라(1368~1644년)를 세웠다. 명나라는 원나라를 북쪽의 몽골로 몰아내고 중국 지역을 통일했다.

명나라를 건국한 주원장은 중국인 중에 누구보다 고려를 잘 알고 있던 인물이다. 이 점은 주원장과 명에 파견된 고려 사신인 설장수(偰長壽)와의 대화를 통해서 잘 알 수 있다.

그런데 설장수는 본래 고려 사람이 아니었다. 설장수는 위구르족이었다. 위구르족은 눈이 파랗고 코가 높다.

이 민족은 몽골고원과 중앙아시아에서 활약한 투르크계 민족에 속한다. 오늘날에는 중국의 신장웨이우얼자치구와 중앙아시아에 주로 분포하고 있다. 이들은 회흘(回紇)로 불리기도 하며 스스로를 동투르키스탄이라고 부르기도 한다.

그렇다면 설장수가 어떻게 고려 사신이 될 수 있었을까? 설장수는 설손(偰遜)의 장남으로 19세에 아버지를 따라 원나라에서 고려로 왔다. 원나라가 몰락할 무렵 난리를 피해 고려로 들어왔던 것이다.

그렇다면 이들이 고려에 온 이유는 무엇일까? 원나라는 민족에 따라 차별을 했다. 제1계급은 몽골족이고 제2계급은 색목인, 제3계급은 중국 북부에 살던 사람들, 제4계급은 강남인이었다. 설장수가 속했던 위구르족은 색목인이었다. 색목인은 원나라에서 제2계급으로 권세를 누렸다. 이 때문에 중국인들의 반감을 샀다. 이런 이유로 설손과 설장수는 중국을 떠나 고려로 왔다.

설손은 원나라 순제(順帝) 때 진사에 합격했으며 황태자에게 경서를 가르친 유학자였다. 그는 공민왕(恭愍王) 7년 고려로 들어왔다. 이후 공민왕 9년 8월에 부원후(富原侯)에 봉해져 부원에 토지를 받았다. 그가 부원후라는 작위를 받았다는 것은 고려에서 귀족이 되었음을 말한다. 그러나 그는 같은 해 11월에 세상을 떠났다.

설손의 아들인 설장수는 19살에 고려로 왔으므로 스스로를 외국인이라고 생각했다.

그러나 설장수는 고려에서 접하는 문화가 자신이 지닌 것과 같다는 사실을 깨닫게 된다. 그것은 바로 유교와 한문이었다. 설장수가 지닌 유교적 소양과 한문 실력은 고려에 그대로 통용될 수 있었다. 설장수는 이 때문에 고려에 적응하게 되고, 자신의 포부를 고려에서 펼치게 되었다.

설장수 자신이 원나라에서 살았으므로, 능숙한 중국어를 구사할 수 있었다. 그는 이를 바탕으로, 중국어를 공부하는

데 필요한 교과서인 『직해소학』(直解小學)을 출간하기도 했다.

더 나아가 그는 명나라와의 관계에서 외교관으로서 고려를 대변하게 되었다. 설장수의 능력을 인정한 고려조정은 우왕(禑王) 13년(1387년) 2월에 그를 주원장에게 사신으로 보냈던 것이다.

설장수는 오랜만에 중국에 왔다. 그가 중국을 떠날 무렵은 원나라가 몰락하고 명나라가 건국될 무렵으로 중국 곳곳은 전란으로 혼란스러웠다. 백성들은 이 속에서 고통을 받았다. 그러나 이번에 중국을 방문하니 이런 혼란이 사라졌다. 설장수는 치안이 잘 유지되고 백성들의 얼굴에도 편안함이 있다는 것을 알 수 있었다.

그는 고려에서 출발한 지 3개월 만인 우왕(禑王) 13년 5월에 환관의 안내로 남경(南京)에 있는 궁궐로 들어갔다. 환관은 옥좌와 거기에서 약간 떨어져 십여 명이 앉을 수 있는 탁자가 있는 큰 방으로 설장수를 안내했다.

방 안에는 이미 주원장이 와 있었다. 그는 옥좌에 앉아 서류를 보고 있었다. 옥좌 옆에 놓여 있는 다리가 긴 책상 위에는 찻잔이 놓여 있었다.

환관이 공손히 허리를 구부리며 말했다.

"폐하, 고려에서 온 사신을 모셔 왔습니다."

주원장은 보고 있던 서류뭉치를 옆에 놓고 설장수에게 자리를 권했다.

어서 오시오, 자리에 앉으시오."

그는 주원장에게 고개를 숙이며 입을 열었다.

"폐하, 고려의 사신으로 온 설장수라고 합니다."

주원장은 다시 자리를 권하며 말했다.

"아까 예부상서로부터 그대에 관한 말을 들었소. 그대 조상은 원나라에서 높은 벼슬을 했다지요? 그대는 옛날에 재상을 한 집안의 자손이니, 반드시 내가 지금 한 말을 잘 알아들을 것이오. 내가 한 이야기들을 고려의 국왕과 대신들에게 그대로 전해 주시오."

설장수의 집안은 원나라에서 충성과 정절, 효도로 이름이 있는 가문이었다. 주원장은 설장수 집안의 내력을 알고 있었다.

주원장은 눈이 파란 고려의 외교관과 오랜 시간 동안 중국어로 대화를 했다. 다른 고려 사신들은 통역관을 대동해야만 했다. 중국어가 능통한 설장수는 이런 점에서 주원장의 마음을 잘 읽을 수 있었다.

설장수는 능숙한 중국어로 단도직입적으로 이야기했다.

"폐하, 우리 고려는 명나라가 군사를 일으켜 쳐들어오지 않을까 염려하고 있습니다."

주원장은 설장수의 눈을 똑바로 쳐다보며 말했다.

"지난번에 우리가 보낸 고려 출신 환관 손 내시가 죽었다는 보고를 받았소. 손 내시는 소나무에 목을 맨 채 발견되었다는 것이오. 여기에는 필시 곡절이 있을 것이오. 나는 그대들이 우리나라 내시를 죽였다고 보오. 이런 이유로 우리나라와 고려는 서로 왕래할 필요도 없다고 보았소.

더군다나 그대 나라 왕인 공민왕이 시해되었다는 이야기를 들었소. 나는 그대들에게 삼강오륜이 있느냐, 없느냐를 물을 필요가 없다고 보았소. 그저 알아서 일을 처리하라고 했던 것이오.

그런데 고려는 최근에 도리어 우리에게 와서 신하가 되겠다고 하며 자꾸만 와서 매달렸소. 이것이 어떤 의도에서인지 알아차리기는 어렵지 않소.

그대들은 우리 군대가 다른 곳을 모두 평정하고 나면 반드시 정벌해 올 것이라고 생각하고 있는 것 아니오? 이것은 나의 진의를 의심하는 것이오. 나는 분명히 지난번에 내가 직접 쓴 조서를 고려에 보냈소. 그 조서는 서약과 마찬가지요. 그 구절을 내가 당신에게 다시 말해 보겠소. '만약에 그대들이 우리의 변방을 업신여기지만 않는다면, 짐이 어찌 감히 하늘의 뜻을 어기겠는가.'라고 했던 것이오."

이렇게 말한 주원장은 진지하게 설장수에게 말했다.

"나는 예전에 그대 나라의 사신에게 말한 적이 있소. '지금 호인(胡人: 몽고인)도 아직 몰아내지 못하였소. 그런데 어찌 당신들, 고려를 돌볼 겨를이 있겠는가? 장차 몽고인들을 잡을 놈은 잡고 쫓을 놈은 쫓아서 천하가 평안하게 된 연후에, 뽕과 삼이 동산에 가득 차고 사방이 부귀하게 될 때까지 어찌 외국의 죄를 논할 겨를이 있겠는가?' 그대는 내가 한 말을 전해 들었을 것이오. 그러니 고려는 우리나라가 침략할 것을 걱정하지 않아도 되는 것이오. 이 점을 그대 나라 국왕과 대신들에게 꼭 전하시오.”

설장수는 주원장의 말에 가슴이 탁 트이는 것을 느꼈다. 고려조정은 명의 침략을 우려하고 있었다. 그러나 주원장은 하늘의 뜻까지 말하며 고려를 침략하지 않겠다고 하고 있는 것이다.

설장수는 주원장에게 꼭 물어볼 것이 있었다.

“6년 전에 폐하는 대군을 동원하여 운남(雲南)을 정벌하셨습니다. 이로 보아 고려를 포함한 다른 나라에 대한 전쟁도 가능하지 않겠습니까?”

주원장은 껄껄 웃으며 말했다.

“설공(설장수를 지칭한 말), 운남이 말썽을 일으켰소. 운남 정벌은 할 수 없이 한 것이오. 이 전쟁은 백성들에게 큰 고통을 안겨 주었소. 운남은 우리나라로부터 1만 리나 떨어져 있고, 티베트와 접한 뜨거운 열대지방이오. 전쟁을 위해 우리는 22만의 군마와 27만 명의 부역인을 동원했소. 전쟁 중에 전사하고 도망하거나 병으로 죽은 사람이 너무나 많았소. 5만 명만이 살아남았소. 앞으로의 해외 원정은 우리나라를 자극하지 않는 한 없을 것이오.”

설장수는 마음속에 있던 한 가닥의 의심이 눈 녹듯이 없어져 말했다.

“폐하, 폐하의 이야기를 들으니 마음이 가볍습니다. 고려와 명은 평화관계를 유지하며 백성들이 편안하게 살 수 있을 것

같습니다.”

　주원장은 마시던 찻잔을 내려다 놓으며 입을 열었다.

　“설공, 내가 애송하는 구절이 있소. 한번 들어 보겠소?”

　“예, 폐하. 영광입니다.”

　“나는 매일 몇 번씩 도덕경(道德經)의 이 구절을 외운다오.

　나라는 작고 백성은 적다.

　열 사람, 백 사람이 군대에 같이 쓰는 필요한 도구가 있다

하여도 사용하지 않고,

　백성으로 하여금 죽음이 두려워 멀리 옮겨 다니지 않게 하라.

　비록 배와 수레가 있긴 하지만 이를 탈 일이 없고,

　갑옷과 무기가 있더라도 꺼내 쓸 일이 없다.

　백성으로 하여금 다시 새끼를 엮어 쓰게 하라.

　그 음식을 달게 먹고, 그 의복을 아름답게 입고,

　검소한 집을 편안하게 여기며, 질박한 풍속을 즐긴다.

　이웃나라가 서로 바라보이고,

　닭 우는 소리와 개 짖는 소리가 서로 들려도,

　한 나라의 백성이 늙어 죽을 때까지

　이웃나라의 백성과는 서로 왕래하지 않는다.”

　잠시 정적이 흐른 후에 설장수가 공손히 이야기했다.

　“폐하, 폐하께서 외우신 그 글은 노자(老子)의 이상사회를

묘사한 것이 아닙니까? 저도 그 구절을 무척 좋아합니다. 옛

날 춘추전국시대(春秋戰國時代: 기원전 770~220)에, 중국의 군주들은 토지를 넓히고 백성을 많게 하는 정책을 추진했습니다. 그러나 노자는 이와 반대로 폐하께서 외우신 나라는 작고 백성은 적게 한다는 '소국과민(小國寡民)'을 주장했습니다.

저는 소국과민을 나라가 크면 백성이 많아서 다스리기 어렵지만, 나라를 작게 하고 백성을 적게 하면 다스리기 쉽다고 해석했습니다."

"맞소. 그런 상태에서 백성들이 스스로 만족하는 사회가 내가 꿈꾸는 사회요. 넓은 영토와 많은 백성을 위해서 지배자들이 전쟁을 하면 백성들이 고통스럽소. 문명의 진보와 기술의 발달은 인간의 노동을 줄이고 생활을 편리하게 하지만 동시에 게으름과 낭비를 하도록 만들지 않소? 또 무기의 발달은 적을 공격하는 데 큰 힘을 발휘하지만 그 힘에 의해 자기 자신이 희생되는 것이오."

"폐하, 참으로 지당하신 말씀입니다."

주원장은 침묵하다가 진지하게 말했다.

"나는 이웃나라를 침략하는 것을 바라지 않아요. 이것이 현재 내가 가지고 있는 고려에 대한 정책이오. 그러나 이전에 고려와의 관계는 전쟁을 생각하도록 만들었소."

그러면서 주원장은 설장수에게 고려에 대한 불만을 이야기했다.

"과거에 당신 나라의 관리가 우리 사신인 채빈(蔡斌)을 살해하고 몽고로 망명한 적이 있었소. 그때 나는 매우 분격했었소. 전쟁까지 생각했소. 그대는 그때 내가 고려에 보낸 편지를 보았을 것이오. 그 편지는 내 손으로 직접 썼소. 편지에 말 5천 필을 요구했던 것을 잘 알 것이오.

고려는 그때 가까스로 5천 필의 말을 마련하고, 천 필을 보태 6천 필의 말을 마련하였소. 성의는 있었다고 할 수 있소. 그래서 그 후 단지 3년마다 50필의 말을 진상하게 하여 성의를 표시하게 했던 것이오.

그런데 신하들이 '이것이 고려에서 진상한 말들이 맞느냐? 이런 말을 어떻게 타느냐?' 하며 혀를 끌끌 차고 있었소. 그대는 이 모습을 보아야만 했소."

주원장이 이야기한 말 6천 필은 어느 정도의 규모일까. 보통 고려는 스스로 말 50필을 책정하여 명에 보냈다. 말 50필이 명에 보낼 적정한 규모였던 것이다. 그러므로 말 6천 필은 고려에게 대단한 부담이었다. 그러나 고려는 무리하게 말을 마련하여 명에 보냈다.

왜 이렇게 고려는 힘들게 말을 마련하여, 명에 보냈을까. 설장수에게 지나간 일들이 주마등처럼 스쳐 왔다.

주원장은 공민왕 23년(1374년) 4월, 임밀(林密)과 채빈(蔡斌)을 고려에 사신으로 보냈다. 이때, 그는 고려의 탐라에서 기르는 말 2천 필을 요구했다. 탐라는 제주도이다. 주원장은 제주도에 목장이 있다는 점을 알고 있었다.

주원장은 왜 이렇게 많은 말을 고려에게 요구했을까. 여기에는 두 가지의 정치적인 복선이 깔려 있었다. 말은 전시에 곧바로 군사력으로 이용될 수 있다. 고려가 말을 이천 필 보내는 것은 바로 고려 국방력의 감소로 이어진다.

이전 시기인 공민왕 19년(1370년), 고려는 요동에 기병 5천 명과 보병 1만 명을 보내 요동 지역이 고려의 옛 땅으로 고려에 속한다고 공포했었다. 그러나 이듬해인 공민왕 20년에 주원장은 요동 지역에 요동위(遼東衛)를 설치했다. 그리고 이 지역의 요양(遼陽)에 정요도위(定遼都尉)라는 관리를 둘 것을 지시하고, 고려에도 사신을 보내 이 사실을 알렸다. 요동지역에 대한 영유권을 두고 고려와 명나라는 대립하고 있었다.

명나라가 고려에게 요구한 말을 확보한다면, 이것은 명에 대한 고려의 위협을 감소시키게 된다.

두 번째 정치적인 목적은 북원(몽골)을 의식한 것이었다. 아직도 사막에는 북원이 버티고 있다. 만약 고려가 말 2천 필을 가져온다면 이것은 북원에 대한 전마로 활용할 수 있다. 결국 주원장의 말 2천 필 요구는 고려를 견제하고 북원을 치기 위한 절묘한 전략이었던 것이다.

그런데 고려에 온 명나라의 사신 채빈은 외교사절로서의 체면이 없었다. 그는 고려 기생이 자기 마음에 들지 않게 행동하자, 말을 타고 자기 나라로 돌아가려 했다. 이때 왕의 명령을 받아 김흥경(金興慶)이 금교역까지 쫓아가 그를 데리고 온 적도 있었다.

그 무렵 고려에서 정변이 발생하게 된다. 환관 최만생(崔萬

生)과 자제위(子弟衛)에 속한 홍륜(洪倫)·권진(權瑨) 등이 공모를 하여 공민왕 23년 9월 22일에 왕을 침전에서 살해하였던 것이다.

왜 이런 일이 있어났을까? 자제위는 국가기관이었다. 뜻밖에도 여기에는 나이 어리고 잘생긴 소년들이 들어갔다. 공민왕은 미소년들을 궁궐에 머물게 하고 성적인 행위를 했다. 이 풍습은 몽골에서 들어온 것으로 동성애(同性愛)를 말한다. 이런 행위는 왕에 대한 존경심을 사라지게 했다.

고려 조정은 같은 해(1374년) 11월에, 밀직사(密直司) 장자온(張子溫)을 명나라에 파견하여 공민왕의 죽음을 알리고 강녕대군(江寧大君)의 왕위 계승을 요청하게 했다.

고려는 장자온을 명에 보내는 한편 김의(金義)를 사신으로 다시 명에 보냈다. 이때 이전에 왔던 명의 사신인 채빈, 임밀도 같이 가게 되었다. 이들이 압록강을 건너 개주참(봉황성)에 이르렀을 때 중요한 사건이 발생하게 된다. 김의는 명의 사신인 채빈을 살해하고 임밀을 포로로 했던 것이다. 그는 군인 2백 명과 말 200필을 가지고 북원(몽골)으로 망명했다.

고려는 분명히 김의를 명나라에 사신으로 보냈다. 김의는 고려 조정에 반역하고 북원으로 망명했다. 그러나 경위야 어찌되었든 명나라 사신이 살해되었다.

이 일은 고려 조정에게 큰 충격을 주었다. 한 나라의 외교사절인 사신이 살해된다는 것은 외교관계의 단절을 의미한다. 그것은 곧 전쟁으로 가는 지름길이 될 가능성이 있었다.

이전인 고려 고종 12년에, 몽골(원나라)의 사신 저고여(著古與)가 압록강 변에서 도적에게 피살된 적이 있었다. 몽골은 이것을 고려 사람의 소행이라 여겨 격분했다. 그리하여 몽골은 6년 동안이나 서신과 사자의 왕래를 중단시켰다. 그 후 고종 18년에, 몽골의 태종(太宗)은 장군 살리타(撒禮塔)에게 군사를 거느리고 대거 침입하게 했던 적이 있었다. 몽골은 이때 살상과 약탈, 방화로 고려에게 깊은 상처를 안겨 주었다.

고려는 이희필(李希泌)을 서북면상원수(西北面上元帥)로 임명하여 명나라의 침입에 대비하기 시작했다. 명 역시 이때부터 고려에 대해 강경책을 쓰기 시작했다. 이 무렵부터 고려가 계속해 명나라에 보낸 사신들은 단 한 명을 제외하고는 구속되어 있었다.

고려는 어떻게든 이 문제를 외교적으로 해결하려고 노력했다. 고려는 다시 심덕부(沈德符)와 김보생(金寶生)을 명나라에 사신으로 보냈다.

우왕 5년(1379) 3월, 명나라에 파견되었던 심덕부(沈德符)와 김보생(金寶生)이 귀국했다. 이때 주원장은 직접 친필로 쓴 조서를 고려에 보냈다.

"그대들은 간사한 자의 간계를 받아가지고 어쩔 수 없이 이곳에 와서 짐을 속이려는 것이다. 이제 그대들을 돌려보내겠다는 명을 내린다. 그대들은 고려의 우두머리 우왕(禑王)에게 짐의 말을 전하라.

그대들은 죄 없는 우리 사신을 죽인 원수이다. 집정대신이 와서 조회하고 매년 바치는 공물을 약속한 대로 바치지 않는다면 뒷날 정벌을 면하지 못할 것이다.

넓은 바다를 그대들만 가지고 있는 줄 아느냐. 내 말을 따르지 않는다면 수천 척의 함대와 수십만의 군대를 데리고 돛을 달고 동쪽으로 가서 우리 사신이 어디 있느냐고 물을 것이다. 그때 그 무리들을 다 죽이지 못할지라도 어찌 반이 넘는 수를 포로로 잡지 못하겠는가. 그대들이 감히 가벼이 볼 수 있겠는가?"[『고려사』 열전 47, 우왕 5년(1379) 3월]

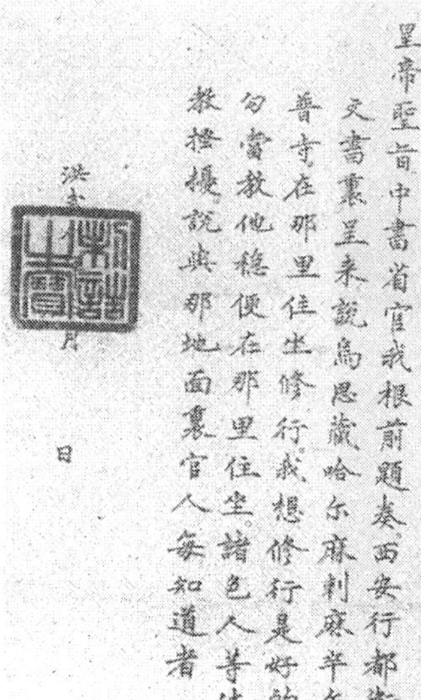

주원장의 성지(聖旨) (홍무 8년)

주원장이 직접 쓴 이 편지에는 그의 격한 감정이 고스란히 드러나 있다.

이 편지는 고려에 대한 의도를 알 수 있게 해 준다. 고려는 명나라 사신을 죽였으니 원수이다. 그러나 집정대신이 와서 조회하고 공물을 바친다면 전쟁을 하지는 않겠다. 이를 따르지 않는다면 전쟁을 불사하겠다는 것이다.

그러나 주원장은 고려 정부가 명나라 사신을 죽인 것이 아니라 김의라는 반역자가 명나라 사신을 죽이고 북원으로 망명한 것을 알고 있었다. 그는 고려에 대해 전쟁으로써 위협하는 정치적인 목적을 가지고 이 편지를 보냈다.

고려 정부는 주원장의 편지에 굉장히 긴장했다. 특히 주원장의 다음과 같은 말은 고려 정부에게 충격으로 다가왔다. '명나라 군대가 고려에 쳐들어가 사람들을 다 죽이지 못하더라도 반이 넘는 수를 포로로 잡을 수 있다.'는 장담이었다.

전쟁에서 이긴 측은 남자들을 죽이고 여자들은 포로로 해 노비로 만든다. 주원장은 이 점을 언급했던 것이다.

이뿐이 아니었다. 고려의 심덕부와 김보생은 명나라의 예부상서 주몽염(朱夢炎)이 기록한 주원장의 교시를 가져왔다.

여기에는, "금년에 말 1천 필을 바치되, 집정대신이 같이 올 것이며, 내년부터는 금 1백 근과 은 1만 냥, 좋은 말 1백 필, 세포 1만 필을 해마다 바치도록 하라."는 것이 적혀 있었다.

이 교시에서도 주원장은 고려에 대해 침략할 수 있다는 점을 내비쳤다.

"짐이 보건대, 이 간악한 자들은 고려가 바다로 둘러싸이고 크고 험한 산이 있다는 지리적 이점만을 믿고 있다. 이들은 흉계를 부리며 완강히 날뛰면서 우리 조정에서 한(漢)나라, 당(唐)나라와 같이 군사를 동원하려는지 보고 있다.

한나라나 당나라의 장수들은 말 타고 활 쏘는 것은 능숙했으나 항해하는 데는 서툴러 바다를 건너기 어려웠다.

짐은 전 중국을 평정하고 오랑캐들을 물리치면서 바다에서의 싸움과 육지에서의 전투를 다 거쳤다. 그러니 짐의 장수들을 어찌 한나라·당나라 장수에게 비하겠는가. 다시 사신을 보내어 뒤를 이은 왕(우왕, 禑王)의 안부를 묻노니, 칙령대로 시행하라."(『고려사』 열전 47, 우왕 5년 3월)

위의 글은 주원장이 한(漢)나라와 고조선(古朝鮮), 당(唐)나라와 고구려(高句麗)·백제(百濟)·신라(新羅)와의 관계에 지식을 가지고 있었음을 보여 준다.

한나라의 무제(武帝)는 고조선을 멸망시켰다. 당나라는 고구려와 백제를 멸망시키고 신라와 전쟁을 하였다. 그러므로 주원장은 한중관계사에 해박한 역사적 지식을 가지고, 고려에 대해 위협을 했던 것이다.

그는 고려에 대해 군사적 침략 가능성을 열어둔 채 금·은·말 등을 바친다면 갈등을 해결하겠다는 의지를 보였다.

그리하여 주원장의 명령을 받은 명의 사신 소루와 조진이 고려로 오게 되었다. 그러나 그들은 요동에 이르러 자기 나라로 다시 돌아갔다. 고려가 북원(몽골)에 사신을 파견했다는 소식을 들었기 때문이다. 고려는 다시 북원과의 관계를 회복시켰다. 이러한 조치는 북원과 동맹을 맺어 명나라를 견제하겠다는 의도를 가진 것이었다.

　북원은 명나라에게 잃어버린 땅을 회복하기 위해 고려와 연합하고자 했다. 그들은 여러 번 고려에 사신을 보내고 있었다. 자연히 고려와 명은 긴장관계로 들어섰다.

　이 사건이 있은 2년 후인 우왕 7년(1381년) 9월에, 주원장은 티베트·베트남·라오스와 인접한 지역인 운남(雲南)을 치기 시작했다. 운남 원정에 27만 명의 군대와 22만 필의 군마가 동원되었다. 같은 해 12월에, 명나라에게 크게 패한 운남의 양왕(梁王)과 신하들은 자결했다.

　그 무렵 고려는 명나라에 간첩을 파견하여 동태를 파악하고 있었다. 이것은 주원장이 고려 사신에게 고려 간첩의 존재를 언급한 것에서 알 수 있다. 명나라 역시 고려에 간첩을 파견하여 실상을 살피고 있었다. 이 점은 주원장이 고려의 군사적 실력과 경제적 형편이 어떠하다는 것을 고려 사신에게 소상하게 말한 것에서 드러난다.

　주원장의 운남 정벌 소식은 고려에 알려졌다. 고려는 운남 정벌에 명나라의 대규모 군사력이 동원되었으며 그 실력이 어떠하다는 것을 이 때 확실히 알게 되었다. 그것은 결과로 나타났다. 3개월 만에 운남은 멸망했다. 모든 것이 분명해졌다. 명나라는 떠오르는 해였다.

　고려는 명나라의 군사적 역량을 확인하고 두 가지 방면으로 대처했다. 첫 번째는 고려가 명과의 전쟁을 예상하고 움직였다는 것이다. 우왕 8년 8월에 개경에서 한양(서울)으로 도읍을 옮길 것을 의논했던 것이 이 점을 말해 준다.

개경은 예성강을 통해 바다와 연결되어 있다. 주원장이 명의 군대를 바다로 침입시킨다면 개경은 고스란히 그 힘을 받게 되어 있다. 한 달 후인 9월에 고려는 드디어 한양(서울)으로 정부를 옮겼다.

서울은 유서가 깊은 도시이다. 우리는 서울을 백제 때 수도로, 조선시대의 도읍으로 알고 있다. 그러나 고려시대에도 서울은 이미 수도였다.

한편으로 고려는 명과의 외교관계를 확보하는 데 노력했다. 우왕 9년 8월, 고려는 문하찬성사(門下贊成事) 김유(金庾)를 명나라에 파견하였다. 김유는 주원장의 생신을 축하하는 동시에 전왕(공민왕)의 시호와 우왕의 왕위계승에 대한 승인을 요청하는 표문을 명나라에 가지고 갔다. 또한 고려는 밀직부사 이자용(李子庸)을 명나라에 보내 천추절(千秋節: 명나라 황태자의 생일)을 축하했다.

그러나 김유와 이자용은 명나라와 약속한 날짜에 도착하지 않았다는 이유로, 법률을 맡은 관청인 법사에 회부되었다.

김유 대신에 주원장의 답신을 받은 고려의 통역 장백(張伯)이 우왕 9년 11월에 돌아왔다. 주원장은 5년간 바치지 않은 세공(歲貢)으로 말 5천 필, 금 5백 근, 은 5만 냥, 베 5만 필을 한꺼번에 가져와야만 전쟁을 면할 것이라고 말했다.

이러한 공물 액수는 고려에게 엄청난 부담이었다. 말만 보아도 그렇다. 앞에서 보았듯이 고려는 보통 50필의 말을 명나라에 보냈다. 말 5천 필은 무려 백 배가 증가된 것이다.

여기에는 전통적으로 행해졌던 조공품(朝貢品: 중국 주변에 있는 나라들이 중국에 보내는 예물)에 대한 회사품(回賜品: 중국 황제가 주변 나라에 주는 예물)도 전혀 없다. 그야말로 그저 명에 바치는 것이다.

이들 물품들은 단순한 의미를 가지는 것이 아니었다. 말은 유사시에 군사용으로 쓸 수 있는 것이다. 그리고 금과 은, 포는 군사적 운용을 가능하게 하는 경제적 기초가 된다. 고려가 이것을 바친다면 군사적 역량은 현저히 약화된다. 결국 주원장은 전쟁을 하지 않고 고려를 항복시키려고 했던 것이다.

우왕 9년 12월에, 고려는 조정회의를 열었다. 이 자리에서 주원장의 요구에 대한 논의가 있었다. 주제는 막대한 공물을 바치고 평화를 얻느냐, 전쟁을 하느냐에 대한 것이었다. 그러나 고려 관리들은 이미 2년 전에 있은 운남 전쟁의 결과를 알고 있었다. 운남 왕은 죽고 많은 사람들이 목숨을 잃었으며 백성들은 노비가 되어 팔려 나갔다.

고려 관리들의 뇌리에 그 사실은 선명하게 남아 있었다. 그들은 현실적인 결정을 했다. 주원장의 요구에 따르기로 한 것이다. 주원장이 요구한 물품을 마련하기 위해 진헌반전색(進獻盤纏色)이라는 특별 관청을 두었다. 이를 위해 먼저 백성들의 세금이 요구되었다. 백성들의 세금만으로는 부족했다. 그리하여 모든 관리들이 재물을 내놓았다.

고려는 주원장이 요구한 말을 마련했다. 그러나 금과 은은 고려의 산물이 아니라 모자랐다. 그리하여 주원장에게 금과 은을 말로 대체해 줄 것을 요청했다. 주원장은 은 3백 냥에 말 1필, 금 50냥에 말 1필의 비례로 대납하도록 하였다. 우왕 10년(1384년) 10월에 고려의 도평의사사(都評議使司)는 명나라 예부(禮部)에 공문을 보냈다.

"지난번에 황제께서 5년간 세공으로 금 5백 근을 바치라 하셨습니다. 이번에 바치는 것이 금 96근 14냥이니 모자라는 403근 2냥은 말 129필로 대신하여 드립니다. 은 5만 냥 가운데 이번에 바치는 것이 1만 9천 냥이니 모자라는 3만 1천 냥은 말 104필로 대납합니다. 포 5만 필 가운데 이번에 모시 4천3백 필과 검은 삼베 2만 4천4백 필과 흰 마관 포 2만 1천3백 필을 바칩니다. 말 5천 필 가운데 이미 보낸 4천 필은 요동도사가 검수하였으므로 이제 1천 필을 보내 드립니다."(『고려사』 열전 48, 우왕 10년 10월)

고려는 주원장의 요구를 들어주었다. 특히 전마(戰馬)로 사용될 수 있는 말들을 보냄으로써 명나라에 대해 사실상의 항복을 표시했다.

고려는 재정적으로 큰 손실을 보았다. 그러나 그 대가로 나라를 보존할 수 있었으며 백성들의 인명과 재산을 지킬 수 있었다.

고려가 이렇게 한 이유는 무엇인가? 그 이유는 간단하다. 명나라는 강대국이었으며 고려는 약소국이었다. 그리고 이때 고려를 도와줄 수 있는 강력한 동맹국이 없었기 때문이다. 동맹국으로 될 수 있는 북원은 고려에 대해 오히려 군사적 원조를 요청하는 상황이었다.

지금까지 강대국의 지도자인 주원장과 약소국인 고려 정부가 어떤 관계를 가졌으며 그 과정이 어떠했는지를 보았다.

그런데 고려와 비슷한 상황에 있으면서 완전히 반대되는 방향으로 나갔던 나라가 있다. 고대 그리스에 있었던 멜로스라는 나라이다. 멜로스는 고려와 시간과 공간을 달리하고 있으나 같은 점이 있었다. 바로 약소국이었다는 점이다.

멜로스에 관한 이야기는 고대 그리스의 역사가 투키디데스가 저술한 『펠로폰네소스 전쟁사』에 자세히 적혀 있다.

펠로폰네소스 전쟁은 아테네를 중심으로 한 델로스 동맹과 스파르타를 중심으로 한 펠로폰네소스 동맹 사이에 기원전 432년부터 기원전 404년까지 지속되었던 싸움이다.

그 당시의 강대국은 아테네였다. 그리고 멜로스는 에게 해에 있는 조그만 섬나라 약소국이었다.

멜로스는 스파르타인들이 세운 나라로 과거에는 스파르타의 식민지로 있기도 했다. 이후 멜로스는 독립을 지키며 펠로폰네소스 전쟁에서는 중립을 고수했다. 아테네인들은 멜로스를 굴복시키고자 했다.

여기에는 몇 가지 이유가 있었다.

첫 번째는 전략적 문제였다. 아테네는 멜로스가 스파르타 함대에게 항구를 열어 주어 에게 해로 진출할 수 있는 발판을 마련해 줄지도 모른다고 우려하고 있었다.

두 번째는 재정의 문제였다. 아테네는 펠로폰네소스 전쟁 기간 동안에 많은 전비를 썼다. 이 전비는 아테네와 동맹국들이 낸 세금으로 부담하고 있었다. 늘어나는 전비를 마련하기 위해 아테네는 기원전 425년부터 시작된 납세 명단에 멜로스를 포함시켰다. 그러나 멜로스는 독립을 유지하며 전쟁을 위한 재정 확보에 도움을 주지 않았다.

드디어 강대국이었던 아테네는 약소국이지만 전략적으로 중요한 위치에 있던 멜로스를 복종시키려 했다. 『펠로폰네소스 전쟁사』는 약소국과 강대국 사이에 나누고 있는 대화를 이 장면에서 실감나게 보여 주고 있다.

그들이 나누었던 대화와 결과는 약소국이 강대국에 대해 어떻게 대응할 것이냐에 대해 중요한 점을 시사해 주고 있는 것이다.

아테네는 전함 30척, 중장보병 1,200명, 궁수 300명, 기마 궁수 20명을 멜로스로 보냈다. 아테네의 동맹국이었던 여러 섬나라들이 전함 8척과 중장보병 1,500명을 보냈다.

아테네의 동맹국이었던 여러 섬나라들이 참여한 것은 이

공격이 부당하게 생각되지 않았음을 알려 준다. 아테네인들 사이에서도 이 침공 결정에 불만의 소리가 없었다.

마침내 그들은 멜로스 섬에 상륙했다. 그들은 멜로스인들에게 대화(교섭)를 통해 두 나라의 관계를 정리하자고 제안했다. 아테네인들은 멜로스의 정치 지도자들에게 협상을 시작할 때, 솔직하게 말했다.

"우리 아테네인들은 전쟁이 일어날 가능성을 앞에 두고, 멜로스가 존재하느냐 망하느냐에 대해 협의하러 왔습니다. 우리가 여기 이 자리에 있는 것은 대의명분 때문이 아닙니다.

예를 들어 우리 아테네인들은 예전에 아테네가 페르시아를 격퇴했으므로 그 대가로써 멜로스를 지배하는 것이 당연하다고 하는 것이 아닙니다. 마찬가지로 멜로스는 아테네에게 아무런 적대적인 행위를 하지 않았다는 점을 내세워 우리들을 설득하려 하지 마십시오. 만약 여러분들이 그런 생각을 가지고 있다면 대화는 없습니다.

우리 아테네인들은 '국가이익'을 위해서 이 자리에 섰습니다. 국가 사이의 정의(正義)는 동등한 힘 아래에서만 존재하는 것입니다. 동등한 힘이 없을 때에 국가 간의 정의는 있을 수 없습니다. 더구나 국가를 구성하는 우리 인간들은 가장 강력한 동기인 공포, 이기심이라는 인간본성에 정복되어 있습니다. 여러분 멜로스인들은 강한 자가 약한 자를 잡아먹는다는 약육강식의 숙명을 따르기를 바랍니다."

아테네인들의 말에 멜로스의 정치 지도자들은 흥분하며 반박했다.

"이 문제를 상대방의 입장에서 생각해 본 적이 있습니까? 지금 여러분들이 강자이고 우리가 약자라고 해서 항복을 요구한다면 여러분들은 뒤에 심한 보복을 당하게 될 것입니다. 왜냐하면 영원한 강자는 있을 수 없기 때문입니다. 정의가 무서운 보복을 할 것입니다."

아테네인들은 냉소를 지으며 말했다.

"우리의 지배권에 종말이 오더라도 그 종말을 생각하며 동요하지는 않을 것입니다. 우리가 여기에 온 것은 두 가지 이유 때문입니다. 첫 번째는 국가 이익을 위해서입니다. 두 번째는 멜로스라는 나라가 존재하느냐 망하느냐는 점을 논의하기 위해서입니다.

힘들이지 않고 여러분을 지배하는 것이 우리의 관심사입니다. 또한 당신들이 우리들에게 굴복하는 것은 아테네와 멜로스 모두에게 이익을 가져다줄 것입니다."

그러자 멜로스인들이 물었다.

"여러분의 지배에 굴복하는 것이 어째서 우리에게 좋은 일이 될 수 있습니까?"

아테네인들은 진지하게 답했다.

"여러분들은 전쟁으로 인한 무서운 피해를 벗어날 수 있습니다. 당신들은 생명과 재산을 보존할 수 있습니다. 우리는 당신들을 살려 둠으로써 여러 가지 이득을 얻을 수 있습니다. 예를 들면, 전쟁에 필요한 세금을 얻을 수 있고 군사적인 요충지를 차지할 수 있습니다."

이 말을 들은 멜로스인들이 아테네인들에게 말했다.

"여러분은 우리가 중립국으로서, 적이기보다는 우호국으로서, 어느 진영에도 가담하지 않는 상태를 인정할 수 없습니까?"

아테네인들이 냉정하게 대답했다.

"그럴 수는 없습니다. 이것은 당신들이 살아남는가, 아니면 살아남지 못하는가라는 생존의 문제입니다. 여러분들처럼 해상세력이면서 강자의 압력에 굴복하지 않는 국가야말로 우리를 위협으로 몰아넣을 수 있기 때문입니다."

침묵이 흐른 후 멜로스인들이 입을 열었다.

"당신들이 군사력이 강하다고 하는데, 전쟁은 일단 해 봐야 알 수 있는 것이 아닙니까? 반드시 군대의 숫자가 많고 장비가 우수하다고 해서 전쟁에 승리한다고 볼 수 없습니다. 왜냐하면 우리는 전쟁이라는 것이 운에 지배되는 일이 많다는 것을 알고 있기 때문입니다. 게다가 굴복은 곧 절망을 의미하지만 저항 행동에는 아직 희망이 확실히 보존되어 있습니다."

아테네인들은 이 말에 분명하게 대꾸했다.

"어려울 때에 희망은 약간의 위안을 줄 것입니다. 그러나 힘이 없는 자가 희망을 가졌을 때는 어떻게 되겠습니까?

한 번의 잘못으로 망해 버린 다음에 희망은 아무 의미가 없습니다.

여러분의 국가는 약합니다. 그 운명은 바로 여러분 자신의 생각에만 달려 있습니다. 재난을 피할 방법을 잘 생각해 보기

아테네 아크로폴리스의 유적을 담은 사진

바랍니다.

대체로 약자들이 희망을 점괘, 예언에서 찾으려 합니다. 이들은 파멸되었습니다. 여러분들은 이런 전철을 밟지 않기를 바랍니다."

멜로스인들은 말을 바꾸어 아테네인들에게 입을 열었다.

"여러분의 힘 앞에서 우리들이 도저히 대항할 수 없다는 것을 잘 알고 있습니다. 그러나 우리는 결백하며 불의에 직면해 있기 때문에 신들이 보호해 줄 것이라 믿습니다. 또한 우리가 열세에 있는 힘은 같은 부족인 스파르타가 도와줄 것입니다. 우리는 근거 없이 대담하게 나서는 것이 아닙니다."

그러자 아테네인들은 이렇게 말했다.

"당신들이 신을 이야기하는데 그런 신들은 우리에게도 많습니다. 제우스나 아폴론과 같은 많은 신들이 우리에게 있어요.

우리들은 신의 법이란 우월한 자가 언제나 이기는 것이라고 이해하고 있습니다. 신들의 세계에서도 강한 신이 약한 신을 지배하지 않습니까? 강자가 약자를 지배하는 것이 자연의 법칙입니다. 이 자연의 법칙은 우리가 만든 것이 아니라 예로부터 존재해 영구히 이어져 온 것입니다. 이 점을 명심하시오. 우리는 이 법칙에 따라 행동하고 있는 것에 불과합니다. 확신하건대 누구라도 우리와 같은 힘을 가지고 있으면 같은 행동을 할 것입니다."

그러면서 아테네인들이 입을 열었다.

"당신들은 스파르타가 와서 도와줄 것이라고 하지만 그들은 오지 않을 것입니다. 왜 그런지 아시오? 스파르타인들은 쾌락을 선(善)으로 알고 이익을 정의로 해석하고 있습니다. 스파르타인들은 당신들 나라가 스파르타에 커다란 이익을 준다고 보지 않습니다.

더군다나 우리가 제해권을 확보하는 한, 그들이 바다를 건너 이 작은 섬에 올 가능성은 없을 것입니다. 스파르타는 본래 해양국가가 아니라 대륙국가이므로, 당신들을 도와주고 싶어도 도와줄 수가 없을 것입니다."

멜로스인들은 머뭇거리며 말했다.

"그렇다면 스파르타는 다른 나라의 군대를 파견해 줄 것입니다."

아테네인들은 코웃음을 쳤다.

"스파르타가 오지 않는데 어떻게 다른 나라들이 당신들을 도우러 오겠소? 스파르타에 대한 당신들의 기대는 잘못된 것이오."

그렇게 말하며 아테네인들은 멜로스인들에게 경고했다.

"지금까지 당신들과 대화를 하며 느낀 점이 있습니다. 당신들에게 가장 중요한 문제는 멸망하느냐 살아남느냐는 문제입니다. 그런데 당신들은 여기에 대해서는 관심이 없습니다.

그 대신 다른 나라가 도와줄지도 모른다고 하거나, 신들을 이야기하면서, 당장 눈 앞에 있는 것보다도 먼 미래에 있을지도 모르는 것에 관하여 이야기하고 있습니다. 그러므로 우리가 퇴장한 뒤에 여러분들은 전혀 이치에 맞지 않는 판단을 내릴 것이라 봅니다.

그렇지만 여러분들을 위해 말하겠습니다. 여러분들은 체면에 구애받아서는 안 될 것입니다. 매력적인 이름을 지닌 체면을 위해 돌이킬 수 없는 재난에 자진해서 뛰어드는 어리석음을 선택하지 말기를 바랍니다. 만약 여러분에게 양식이 있다면 이 점을 유의하기 바랍니다.

여러분들은 가장 강력한 국가가 자기 영토를 가진 채 세금을 내라는 온당한 요구를 하고 있는 것을 부당하다고 보아서는 안 됩니다. 게다가 전쟁이냐, 평화이냐 하는 양자택일을 강요받고 있는 지금, 어리석게도 공명심에 사로잡혀서는 안 될 것입니다.

왜냐하면 대등한 자에겐 결코 양보하지 않고, 강자와는 친분을 맺고, 약자에게 온당하게 대하는 자야말로 대개 성공을 하기 때문입니다. 그럼 우리는 퇴장할 테니 여러분들은 둘도 없는 조국을 위해서 이 문제를 충분히 검토하기 바랍니다. 단 한 번의 결정에 당신들의 운명이 달려 있습니다.”

아테네인들이 회담장을 떠나자 멜로스의 지도자들이 남아 토론하게 되었다. 이 토론에서 현실과 관계없는 이상에 호소하는 자들과 극단주의자들이 이기게 되었다. 결국 멜로스인들은 아테네인들에게 다음과 같은 회답을 보냈다.

“우리는 종전 주장대로 결의했습니다. 700년의 전통이 있는 이 나라에서 잠시라도 자유가 사라지는 일을 우리는 허용하지 않을 것입니다. 오늘까지 이 나라를 지켜 준 신들의 도움과 스파르타의 지원을 믿고, 우리는 자신들을 지키는 데 전력을 다할 것입니다. 따라서 우리는 멜로스가 중립을 유지하고 아테네군이 철수하는 조약체결을 요구하는 바입니다.”

이를 전해 들은 아테네인들은 멜로스인들에게 단호하게 말했다.

“여러분들은 눈앞에 있는 우리들보다 눈앞에 없는 것을 더 확실하다고 생각한다. 스파르타와 신들과 희망을 믿고 여기에 모든 것을 걸었다. 여러분들은 모든 것들을 잃고 말 것이다.”

아테네는 멜로스를 포위하고 공격했다. 겨울 내내 굶주림과 낙담에 시달리며 멜로스는 결국 아테네에게 무조건 항복하고 말았다.

멜로스인들이 항복했을 때 아테네는 모든 성인 남자들을 죽이고 부녀자들은 노예로 팔았다. 멜로스 섬에 멜로스인들이 사라져 버렸다. 아테네는 아테네인 1,500명을 이민 보내어 이 섬에 살게 했다. 기원전 416년의 일이었다.

다시 이야기를 고려와 명과의 관계로 돌려 보자. 우왕 11년 4월에 명은 억류된 고려 사신들을 석방하고 국교를 재개했다. 같은 해 9월에 명의 사신이 고려에 왔다. 주원장은 칙서에서 두 나라가 각자 편안히 살자고 하였다. 그리고 우왕의 왕위계승을 인정했다.

결국 설장수는 이렇게 경색되었다가 풀리기도 하는 고려와 조선의 시소게임 속에서 명에 파견되었던 것이다. 설장수는 환관이 가져온 차를 마시며 주원장에게 말했다.

"예전에 제가 중국에 있을 때는 차를 환약으로 먹었습니다. 그런데 이렇게 우려내어 마시니 훨씬 맛이 있습니다."

주원장은 껄껄 웃으며 말했다.

"이렇게 마시는 것을 법으로 정했소. 종래에는 차를 환약으로 만들어 먹었소. 그러나 이런 방법은 농민들에게 힘든 노동을 하게 만들어요. 차를 우려 마시면 그만큼 농민들이 고통을 받지 않소. 나는 농민들의 민생을 안정시켜, 그들이 살 만한 세상을 만드는 것에 제일 큰 목표를 두고 있소. 그렇기 때문에 나는 다른 나라로 침략하여 이름을 얻기를 원하지 않는 것이오. 세금을 내고 부역을 담당하며 전쟁에서 싸우는 이는 농민들이오. 결국 농민들의 피와 땀 위에 전쟁이 이루어지는 것이 아니겠소. 나에게는 허망한 이름보다는 농민들이 잘 사는 것이 최고의 목표인 것이오.”

설장수는 주원장의 허심탄회한 말에 감동을 받았다. 그는 깊이 고개를 숙였다가 주원장을 쳐다보았다. 주원장은 설장수를 물끄러미 쳐다보다가 말했다.

“고려의 왕과 대신들에게 가서, 내가 한 말을 그대로 전하시오. 당신들이 먹고 있는 것도 백성들의 것이고, 입고 있는 것도 백성들의 것이요. 당신들은 백성 때문에 부귀와 영화를 누리고 있소. 그러므로 백성들과 더불어 복지를 이룰 것을 생각하고, 저 삼한(三韓: 고려)의 땅을 잘 지킬 것을 생각하시오.”(『고려사』 열전 49, 우왕 13년 5월)

지금까지 보았듯이 명나라를 건국한 주원장과 고려는 전쟁 일보 직전까지 갔었다. 그러나 전쟁은 일어나지 않았다. 그 원인이 무엇인가를 현재의 상황과 연관시켜 새겨 보자. 그가 다스렸던 명나라와 현재 중국 공산당이 지배하는 중국은 공통적으로 독재체제이다. 그리고 광대한 영토와 인구, 강한 군사력을 가지고 있다.

주원장 당시의 여건은 어떠했을까. 먼저 국제정세를 검토해 보자. 주원장이 지배한 명나라는 북쪽에 북원, 남쪽에 운남, 동쪽에 고려라는 적대국에 둘러싸여 있었다. 그는 운남을 정벌했지만, 이때 큰 타격을 입었다.

만약 명나라가 고려와 전쟁을 하게 된다면, 자동적으로 명나라는 북쪽으로 쫓아낸 북원과 고려의 연합군과 싸워야 된다. 북원은 명을 치기 위해 고려에 대해 군사적 원조를 요청하고 있었기 때문이다.

이러한 국제정세적인 요인과 함께 고려의 상황과 군사력을 검토해야 한다. 고려는 명나라에 비교될 수 없었다. 이 점은 인구문제에서 잘 알 수 있다. 고려의 인구는 중국 측 자료에 의하면, "남녀 210만 명으로 병(兵)·민(民)·승(僧)으로 이루어졌다."고(『송사』 187, 고려전) 한 것 밖에 없다. 고려 측의 자료가 아닌 만큼 그 인구를 그대로 신뢰하기는 힘들더라도 210만 명의 몇 배를 벗어나지는 않았을 것이다.

이에 비해 명나라는 1381년의 인구통계조사에서 5,987만 3,305명의 인구를 가졌다(티모시 브룩 지음 이정·강인황 옮김, 2005, 『쾌락의 혼돈』). 인구로 보아, 두 나라는 큰 차이가 나고 있었다.

그러나 고려는 저력을 가졌다. 앞서 공민왕 8년(1359년) 12월에 홍건적(紅巾賊)의 장군 모거경(毛居敬)이 4만의 군사를 이끌고 고려에 침입한 적이 있었다. 이때, 의주·정주·서경이 함락되었다. 고려는 이듬해 이승경(李承慶)을 도원수(都元帥)로 하여 2만 명의 군사로 이들을 섬멸해 압록강 이북으로 내쫓았다.

공민왕 10년(1361년) 10월에 다시 홍건적의 2차 침입이 있었다. 홍건적의 우두머리인 관 선생(關先生), 사유(沙劉) 등이

10만 명의 대군을 이끌고 고려에 침입하여 수도인 개경이 함락되었다. 그러나 이듬해 정세운(鄭世雲)을 총병관(總兵官: 총사령관)으로 한 20만 명의 고려 군대가 개경을 수복하고 압록강 밖으로 이들을 몰아내었다. 고려는 군사적 저력을 가지고 있었다.

주원장이 고려를 친다면 어떻게 될까. 전쟁은 사냥에 비유될 수 있다. 사냥은 먹고 먹히는 관계이다. 주원장의 명나라는 힘을 갖춘 사자에, 고려는 작지만 날카로운 가시를 가진 고슴도치에 비유될 수 있다.

비록 사자가 고슴도치를 잡는다 하더라도 가시에 찔린다면 어떻게 될까? 사자는 승리의 기쁨도 잠시뿐 고통과 함께 다음번 사냥을 할 수 없게 된다. 사냥을 할 수 없는 사자는 생존할 수 없다.

홍건적의 지도자였던 주원장은 당연히 홍건적과 고려의 전쟁에 대해 알고 있었다. 결국 주원장이 고려로 침입할 수 없었던 데에는 고려가 고슴도치와 같은 힘을 가졌기 때문이었다.

이와 함께 명나라가 처한 국내정세도 주원장에게 전쟁을 하지 못하도록 했다. 주원장은 원나라가 망할 무렵에 명나라를 일으켰다. 이때 민생(民生)은 도탄에 빠져 있었다. 그는 원나라가 망한 이유가 백성들의 생활이 어려워 밥을 먹지 못하기 때문이라고 하였다. 그리하여 그가 세운 명나라의 일차적인 목표는 민생이 되었다. 그는 민생이 나라를 안정시키고 발전시키는 절대필요조건이라고 하였다. 백성들의 삶을 개선시키기 위해서 전쟁은 가능하면 막아야만 했다.

더욱이 주원장은 고려와 갈등을 빚을 무렵에 명을 건국한 공신들과 그 세력들을 대거 숙청하고 있었다. 정국이 불안했던 것이다. 주원장은 고려에 대한 원정으로 국내정치 상황이 더 이상 혼란스러워지는 것을 피하려 했을 것이다.

주원장 당시 중국의 정세와 그가 고려에 취한 정책은 오늘날의 우리들에게 알려 주는 바가 크다.

현재 한국과 중국 간에도 영유권 문제, 고구려사, 발해사 왜곡으로 갈등을 겪고 있다. 더욱이 최근에는 북한이 붕괴된 후 친중 괴뢰정권이 북한 땅에 들어서거나, 심지어 북한 땅을 중국이 차지하려 한다는 분석이 회자되고 있다.

한국과 중국 사이의 갈등을 해소하고 중국과 평화적인 관계를 유지할 수 있는 방법은 있는가?

지금 한반도를 둘러싼 상황은 한국과 북한, 중국만의 문제가 아니다. 미국의 이해와 일본의 군사대국화, 러시아의 촉각이 맞대어 있다. 우리는 북핵 문제가 6자회담을 통해서 논의되고 있는 것에서 이를 실감할 수 있다.

현재 중국은 티베트 문제로 국제 여론의 비판을 받고 있다. 그리고 대만의 자주독립노선 문제로 양안(兩岸: 중국과 대만) 갈등을 빚고 있다. 인도와는 영토 문제로 인해 군사적 긴장 관계가 존재한다. 일본과 동중국해에 있는 석유, 천연가스를 차지하기 위해 조어도(釣魚島: 센카쿠 열도)에 대한 영유권 분쟁이 있다.

중국은 남중국해에서 필리핀과도 영토분쟁을 겪고 있다. 중국과 필리핀은 남중국해의 스카버러(황옌다오: 黃岩島)와 스트래틀리(난사: 南沙)군도 일부를 놓고 영토 분쟁을 벌이고 있다.

남중국해는 지정학적으로 중요하다. 이곳은 동북아시아와 인도양을 잇는 해역이며, 중동산 석유가 통과하는 요충지이다. 그래서 중국은 2007년 11월 스트래틀리(난사: 南沙)군도와 중사(中沙)·시사(西沙)군도를 포함한 남중국해 260만㎢의 해양에 있는 섬을 합쳐 현(縣)급 싼사(三沙)시를 신설해 하이난(海南)성에 귀속시켰다.

이에 대해 필리핀은 2009년 2월 17일에 의회가 스카버러(황옌다오: 黃岩島)를 필리핀 영토로 규정하는 법안을 통과시켰다. 3월 11일에는 글로리아 마카파갈 아로요 필리핀 대통령이 관련 법안에 최종 서명하면서 두 나라의 갈등은 불거지고 있다.

2009년에는 남중국해에서 미국과 중국이 정면 대치하는 상황까지 나타났었다. 실제로 2009년 3월 8일에는 중국해군 함정 등 선박 5척이 남중국해 하이난다오에서 120㎞ 떨어진 중국의 배타적 경제수역(EEZ)에서 운항 중이던 미국의 정보 수집 함정인 임페커블호의 항해를 막았다.

다음 날 미국 국방부는 "EEZ 항해를 막은 것은 국제법 위반"이라고 비난했다. 중국 외교부는 이튿날 "미국이 중국 EEZ 안에서 핵잠수함 관련 정보를 수집한 것은 국제법과 중국법 위반"이라고 반박했다.

앞에서 보았듯이 중국은 대만·인도·일본·필리핀·미국 등에게 대외적으로 둘러싸여 있는 것이다.

이와 같이 주원장 당시의 명나라와 현재의 중국은 국제정치가 복잡하다는 점에서 공통점을 가진다. 이런 상황은 주원장이 고려에 침입할 수 없었던 것처럼, 한국에게 유리한 환경이라고 할 수 있다.

그러나 유리한 환경이라도 실력을 가지지 못한다면, 아무 소용이 없다. 국제정치에서 실력은 무엇인가? 그것은 국력이다. 국력의 바탕은 무엇인가? 누구나 경제적인 힘을 바탕으로 한 군사적인 실력과 문화적인 흡입력을 든다.

국력 면에서 한국은 미국, 중국과 같은 강대국과 같이 될 수는 없다. 우선 경제력의 바탕이 되는 자원이 절대적으로 부족하다. 그리고 인구가 적고 면적도 작다.

현재 한국의 국력은 어떤가? 자기 실력을 객관적으로 인식해야 다음 단계의 도전과 발전을 이룰 수 있기 때문에 이 질문에 대해 명철한 대답이 있어야 한다.

한국은 세계가 경험하지 못한 엄청난 변화를 겪었다. 한국 이전의 왕조였던 조선은 은둔의 왕국이었다. 조선인들은 상투를 틀고 초가집과 기와집에 살면서 농사를 지으며 살았다. 농업이 천하의 뿌리라는 바탕 위에 국가의 이념은 주자학을 바탕으로 했다. 15세기의 조선이나 19세기의 조선이나 이 점은 같았다. 15세기의 상황이 400년이 더 지난 19세기에 대부분 그대로 이어졌다. 조선인들의 삶에 큰 변화는 없었다.

그러다가 일본 군국주의의 모진 시련을 맞이했다. 토지조사사업이라는 미명하에 강제로 땅을 빼앗기고, 먹고살기 위해 만주와 중앙아시아로 이주해야 했다. 그 대신 일본에서 가장 못사는 사람들이 조선에 와 조선총독부의 비호하에 지배자 행세를 했다. 수많은 조선 사람들이 일본의 중국 침략과 2차 세계대전에 강제로 동원되어 희생되었다.

일본의 모진 지배를 겪고 난 후에, 한반도는 민주주의와 공산주의 진영의 영향을 받은 두 개의 정부가 들어서게 되었다. 그리고 공산진영의 공격으로 1950년에 6·25라는 미증유의 민족적 비극이 일어났다. 수백만의 사람들이 죽거나 부상을 당하며 신음했다.

이 무렵 한국을 방문한 외국인은 한국을 '거대한 빈민굴'이라고 불렀다. 1950년대와 1960년대에 대부분의 한국인들은 하루에 세끼를 먹지 못했다. 그들은 입에 풀칠을 하기 위해 일자리를 찾아 나섰으나 그런 일자리마저도 제대로 있지 않았다.

그러나 한국은 1960년대부터 '한강의 기적'이라 일컬어지는 발전을 하기 시작했다. 공장이 들어서고 수출이 늘어나며 생활이 나아지기 시작했다. 그렇지만 시련도 있었다. 1970년대에 발생한 오일쇼크, 1997~1998년에 들이닥친 금융위기 등이 그것이다. 한국은 이런 시련들을 잘 극복했다.

그렇지만 2008년 연말에 미국에서 시작된 금융위기가 다시 한국의 경제를 위협했다. 한국에 금융위기와 고용위기가 왔으며 실물경제가 흔들렸다.

동아시아 경제는 미국의 소비에 크게 의존하고 있다. 미국의 소비가 얼어붙으면 한국이 타격을 받는다.

또한 미국의 경제는 유럽에도 큰 영향을 끼친다. 한국의 수출대상인 유럽이 경제적으로 어려워지면 한국 경제도 타격을 받을 수밖에 없다. 여기에다 기아로 허덕이는 북한이 핵과 미사일로 위협하고 있다.

그러나 지금까지의 발전으로 본다면 한국은 이러한 어려움을 극복할 충분한 능력을 가지고 있다고 본다.

그 근거는 과거와 현재의 역사적 사실에서 찾을 수 있다. 1960년대부터 시작된 경제개발로 한국은 좁은 국토와 빈약한 자원이라는 한계를 극복했다.

이를 바탕으로 한국은 지금 아시아에서 식민지를 경험한 나라 가운데 유일하게 민주주의 국가로 거듭났다.

이런 사실은 세계적인 언어학자이자 지성인으로 꼽히는 노엄 촘스키의 말에서도 알 수 있다. 그는 2006년 발간된 『노엄 촘스키와의 대담: 한국과 국제정세』에서, "한국은 국제문제에서 대단히 의미심장한 역할을 하고 있다. 무엇보다도 경제발전이 놀라웠고, 정치발전도 아주 주목할 만하다. 한국은 활발하고 활기찬 사회로 변모해 가고 있다."고 말했다.

촘스키가 말한 경제발전은 정치발전을 이끌었다. 이런 점은 프랑스의 국제시사 전문지 르몽드 디플로마티크가 기획한

『르몽드 세계사』에서도 잘 알 수 있다.

이 책에는 2003년의 상황을 나타내는 세계지도가 있다. 이 지도는 교육수준과 국민소득, 평균수명을 기준으로 하는 인간개발지수(human development index)와 소득 분배의 불균형 수치를 나타내는 지니계수로 나타나 있다. 한국은 여기에서 미국·캐나다·영국 등과 같이 선진국으로 표시되어 있다.

거대한 빈민굴이 선진국으로 진입하게 된 것이다. 이것은 기적이다. 이런 기적은 한국이 지금의 어려움을 극복할 수 있는 토양을 만들어 줄 것이다.

그러나 미래에 대해 장밋빛 전망만을 해서는 안 될 것이다. 현재의 입장에서 미래에 대한 방향은 어떠해야 할 것인가?

이런 점에서 세계적 컨설팅 회사인 미국의 보스턴컨설팅그룹(BCG)의 발표는 주목할 만하다. BCG는 2008년 9~10월 측정한 '글로벌 혁신 지수' 조사에서 한국이 110개국 가운데 2위를 차지했다고 2009년 3월 10일에 밝혔다. 1위는 싱가포르이며 3위는 스위스였다.

혁신(Innovation)이란 사물, 생각, 진행상황 및 서비스에서의 점진적이거나 근본적인 변화를 일컫는 말이다. 혁신이라는 것은 이전의 상태보다 확연히 다른 것이어야 한다. 생산성의 향상을 주도하는 혁신은 경제적으로 부를 증가시킬 수 있는 기초적인 자원이다.

보스턴컨설팅그룹(BCG)은 국내 기업이 활발한 혁신활동으로 신기술개발과 생산성 증대 등의 성과를 내고 있다고 평가했다. 연구개발(R&D)·세제혜택·무역·교육정책 등을 통한 정부의 혁신활동 지원도 긍정적인 평가를 받은 것으로 해석된다.

BCG는 성공적인 혁신의 핵심요건으로 아이디어 창출·구조화된 프로세스·리더십·숙련된 인력을 꼽고, 정부는 효율적인 정책을 통해 이를 지원해야 한다고 밝혔다.

그런데 우리나라는 부존자원이 거의 없어 수출을 통해 성장했다. 수출은 제조 기업이 주도한다. 이런 점에서 BCG의 제임스 앤드루 시니어 파트너의 말은 새겨들을 만하다. 그는 "현재와 같이 세계화된 경제 환경에서 혁신은 사활이 걸린 문제이다. 고품질의 값싼 제품이 세계 각지에서 넘치는 세상에서 비용경쟁에만 치중하는 것은 대다수 제조업체에게 가망 없는 싸움"이라고 말했다.

한국이 세계에서 살아남고 선진국이 되기 위해 정부와 기업은 부단한 자기 혁신을 해야만 할 것이다. 정부와 기업을 움직이는 것은 결국 국민이다. 국민 개개인의 자각과 혁신이 무엇보다 우선되어야 한다.

지금까지 혁신에 대해서 살펴보았다. 혁신을 바탕으로 앞으로의 한국은 어떻게 나아가야 할 것인가? 고려의 경험이 잘 말해 주고 있다. 바로 고려와 같이 일정한 군사력을 갖춘 고슴도치가 되어야 한다. 이와 같은 군사력은 현대의 강대국이 공통적으로 확보하고 지향하고 있는 첨단무기체계를 바탕으로 해야 할 것이다. 첨단무기를 개발하고 확보하기 위해서는 당연히 연구 인력과 시설이 필요하다. 그러기 위해서는 강력한 경제력의 확보가 반드시 필요하다. 이를 위해서 우리 경제는 지금의 글로벌 위기를 반드시 이겨 내어야만 한다.

지금의 글로벌 경제위기를 극복한다면 한국은 고슴도치가 될 수 있을 것이다. 고슴도치가 된 한국은 조심스럽게 한반도를 둘러싼 열강들의 이해관계 속에서 능동적으로 행동해야 할 것이다.

한편으로 한국은 중국과의 관계에서 중국 내부의 민생이 어떠한지를 살펴야 할 것이다. 비약적으로 발전하는 중국의 경제 속에서 연안지방과 내륙지방의 빈부격차는 심각한 사회문제가 되고 있다. 또한 2008년 말에 발생한 미국의 금융위기는 중국의 수출을 급감시켰다. 무려 2,000만 명의 실직자들이 사회 불안의 핵이 되고 있다.

중국은 전통적으로 백성들의 생활이 불안할 때 정권이 붕괴되었다. 생활이 불안하다는 것은 하루 세끼를 제대로 먹을 수 없다는 것을 말한다.

앞에서 보았듯이 원나라의 몰락이 이를 잘 보여 주며 주원장이 세운 명나라가 무너진 근본 원인도 농민들이 먹을 것이 없었기 때문이다. 우리는 중국 내부 민생의 동향을 비상한 관심을 가지고 살펴보아야 할 것이다.

이런 점에서 1980년대부터 중국에서 시행된 개혁·개방정책은 주목할 만하다. 공산주의에 자본주의적 요소를 가미하고 민생을 중요시한 정책으로 중국은 세계의 강대국으로 부상하고 있다.

이와 함께 중국이 새로운 환경을 맞이하고 있다는 점을 주목해야 할 것이다. 2008년에 중국은 1인당 국내총생산(GDP)이 3,000달러를 넘어서면서 새로운 상황을 맞이하고 있다. 과거 아시아의 개발도상국은 국민 소득이 높아지면서 신흥 중산층과 지식인 계층이 형성되었다. 그리고 이들을 중심으로 급격한 민주화 요구가 분출하면서 커다란 사회적 혼란을 겪었다. 지금 중국에서도 경제성장을 통해 형성된 중산층과 지식인 계층이 더 많은 자유와 민주주의를 요구하기 시작하고 있다. 그 한 예로 2008년 12월 10일 중국의 학자·변호사·작가 등 지식인 303명은 공산당 일당 독재를 중단하고 서구식 다당제와 삼권분립 제도를 도입해 민주·인권 개혁을 실현할 것을 요구하는 '08헌장(憲章)'을 발표했다. 중국 공산당은 이에 대해 인터넷 검색 등 대대적인 사상·이론 단속으로 맞섰다.

중국은 공산당이 지배하고 있다. 중국 공산당은 유일독재 정당으로 다른 정당의 존재를 허용하지 않는다. 우방궈(吳邦國 당 서열 2위) 중국전국인민대표대회(전인대) 상무위원장은 2009년 3월 9일 전인대에서 발표한 연설을 통해 "다당제는 절대로 도입하지 않겠다."고 했다. 우방궈는 공산당이 권력을 독점하는 '공산당 지도'라는 헌법정신을 강조하여 서구식 복수정당제도와는 확실하게 선을 그었다.

그는 입법부와 행정부 사법부가 서로 견제하는 삼권분립에 대해서도 거부감을 표시했다.

경제적으로 중국 공산당은 자본주의를 받아들이고 있지만 정치적으로 변화는 거의 없다. 그러므로 새롭게 형성된 계층이 요구하는 자유와 민주주의를 중국 공산당이 어떻게 수용하느냐에 따라 중국의 미래는 결정될 것이다.

우리는 중국 공산당을 왜 주시해야 하는가? 역사적으로 중국 권력집단의 동향은 만주와 한반도에 영향을 끼쳤기 때문이다. 앞서 주원장이 언급했던 한(漢)나라와 당(唐)나라 때는 군주독재권이 확보된 시기였다. 이때 중국은 만주와 한반도로 침략해 왔다.

한나라의 무제(武帝)는 고조선(古朝鮮)을 멸망시키고 한사군(漢四郡)을 만주와 한반도의 일부에 설치했다. 당나라는 태종(太宗) 때에 고구려 침략이 실패했다. 그러나 태종의 뒤를 이은 고종(高宗) 때에 백제(百濟)를 멸망시키고 고구려(高句麗)를 무너뜨렸다. 이어 신라(新羅)와 나당전쟁을 벌였다.

그러나 주원장이 세운 명나라는 공신집단을 숙청하는 것이 고려에 대한 침략으로 이어지지 못하게 했다. 내부적인 권력 문제가 있었던 것이다.

이 점은 현대에 와서도 마찬가지이다. 모택동은 문화혁명을 일으켰다. 문화혁명의 껍질을 벗기면 모택동이 유소기에 대항해 일으킨 중국 공산당 내부의 권력 투쟁이 그 본질이다. 이때 한반도에 대해 중국은 영향력을 행사할 수 없었다.

역사적인 경험으로 보아 한반도의 평화 확보를 위해서 중국 권력집단인 공산당에 대해 치밀한 분석이 이루어져야 할 것이다.

2. 인자한 할아버지, 주원장

주원장(朱元璋: 1328~1398 생존, 1368~1398 재위)은 명(明)나라를 건국한 인물이다. 중국 왕조에서 건국한 인물은 태조(太祖) 또는 고조(高祖)라 불린다. 그의 묘호는 태조(太祖)였다. 그는 중국 역사상 한(漢)나라를 건국한 한 고조(漢 高祖) 유방(劉邦)에 이어 두 번째의 농민 출신 황제이다.

앞에서 보았듯이 주원장은 백성들을 가장 먼저 생각하고 사랑했다. 그의 진짜 모습은 무엇일까? 지금까지 남아 있는 주원장의 초상화들을 통해 이 문제를 풀어 보자.

주원장의 초상화는 여러 벌이 전하고 있는데 각각의 얼굴이 너무나 다르다. 중국 황제의 초상화가 얼굴이 다르게 그려진 것은 그 예가 거의 없다. 왜 이런 초상화들이 나타나게 되었을까.

이와 관련하여 청나라 때의 사학자 조익은 "명의 태조(주원장)는 성현·호걸·도적의 성격을 한 몸에 가졌던 인물이었다."고 말한 적이 있다.

주원장의 첫 번째 얼굴을 보자. 친근하고 부드러운 느낌이다. 손자를 사랑하는 할아버지의 인자한 모습 그대로다.

주원장은 백성의 지지를 얻기 위해서는 관대한 정책을 펴야 한다고 했다. 『태조실록』
에는 다음과 같은 주원장의
말이 기록되어 있다.

역대 제후도의 주원장 초상화

"천하를 평정하려면 반드
시 어짊(仁)과 의(義)로써 해야
되고, 군사적 위력에만 의존
해서는 백성의 지지를 얻을
수 없다. 싸움을 하고 성을
점령하는 데는 군(軍)을 써야
하고, 민심을 안정시키기 위
해서는 어짊(仁)을 써야 한다.

전에 접경 지역의 땅에 들어갔을 때 백성들을 침범하지 않
아서 그들이 매우 기뻐했다. 이번에 새로 무주를 점령했는데
백성들이 편안해하고 있다. 그러므로 마음을 써서 어루만지
면 백성들은 기꺼이 우리를 받아들인다.

나는 여러 장수들이 성(城) 하나를 함락하고 군(郡) 하나를
얻으면서 사람을 함부로 죽이지 않았다는 말을 들을 때마다
너무나 기쁘다. 백성들은 너그러운 정치를 좋아한다. 장수들
이 함부로 사람을 죽이지 않는다면 나라와 자신에게 모두 좋
은 일이다. 이 한 가지만 잘하면 공을 세울 수 있고 천하를 평
정할 수 있는 것이다."

이 글을 읽으면 주원장이 얼마나 백성들을 사랑하고 사람

의 목숨을 소중히 여기는지를 알 수 있다.

주원장은 특히 약탈을 금지했다. 원나라가 망할 무렵에 도적들이 곳곳에서 일어났다. 이들은 여자와 재물을 얻기 위해 도적이 되었다.

주원장은 달랐다. 그는 휘하의 군인들에게 약탈을 금지하고, 이를 어길 경우 엄격하게 처벌했다. 주원장의 약탈 금지는 일반 백성들과 뜻있는 사람들의 지지를 얻을 수 있었다. 그들은 주원장에게 찾아와 지원금을 주었다. 주원장은 이를 군인들에게 나누어 주어 인심을 얻을 수 있었다. 주원장의 어진 행동은 사람들의 지원을 자발적으로 이끌어 냈다. 이 점이 명나라가 중국을 통일하는 가장 중요한 힘이 되었다.

주원장은 황제가 된 후 가끔 신하들을 불러 대화를 나누곤 했었다. 5월의 어느 날 그는 환관에게 말했다.

"날씨가 참으로 좋구나. 저 밖 정원에 있는 꽃들을 보거라. 활짝 피었구나. 이렇게 온화한 날씨에 차 한잔을 마셔야겠다. 궁궐에 이부상서(吏部尙書) 오림(吳琳)과 홍문관 학사(弘文館 學士) 나복인(羅復仁)이 있겠지? 그들을 불러오너라."

환관은 오림과 나복인을 데려와 고했다.

"폐하, 이부상서 오림과 홍문관 학사 나복인이 대령하였습니다."

주원장은 손으로 의자를 가리키며 따뜻하게 말했다.

"어서 오시오, 오 상서, 나 학사, 자리에 앉으시오."

오림과 나복인은 고개를 숙여 인사를 한 후 자리에 앉았다.

주원장은 탁자 위에 있는 찻잔을 가리키며 이야기했다.

"날씨가 너무 좋아 그대들을 찾았소. 차 한잔하면서 이런 이야기 저런 이야기를 하자고 불렀소."

오림과 나복인은 공손하게 함께 대답했다.

"폐하, 황공하옵니다."

주원장은 차를 마시며 말했다.

"자, 오늘은 편안하게 차나 마십시다."

오림과 나복인은 차를 마시며 주원장의 안색을 살폈다. 이때 주원장이 말했다.

"그래, 오 상서, 그대는 나라에서 가장 중요한 것이 무엇이라고 보오?"

오림은 뜻밖의 질문에 당황했으나 자신 있게 대답했다.

"예, 나라의 기본은 역시 대다수인 농민들이라고 생각합니다. 그들이 안정되면 나라가 저절로 부강해지리라 봅니다."

주원장은 고개를 끄덕이고, 나복인에게 웃으며 물었다.

"그래, 나 학사는 어떤가?"

"주자학을 나라의 중심으로 하는 것이 무엇보다 필요하다고 봅니다."

주원장은 나복인의 말에 표정이 굳어지며 말했다.

"자네의 말은 현실을 모르는 것이야. 지금 우리 명나라에서 가장 많은 인구가 농사를 짓고 있네. 그들의 마음이 어디에 있느냐에 따라 우리나라의 앞날이 좌우되네. 농민의 마음을 얻어야만 나라를 지탱할 수 있는 것일세. 주자학은 학문일 뿐,

나라의 중심으로 할 수 없네."

나복인은 어쩔 줄 몰라 하며 아뢰었다.

"폐하, 신의 생각이 짧았습니다."

주원장은 얼굴빛을 바꾸며 말했다.

"아닐세, 오늘 이 자리가 허심탄회하게 황제와 신하가 차를 마시며 이야기하는 자리가 아닌가?"

이때, 오림이 주원장에게 아뢰었다.

"폐하, 저희들은 폐하의 하문에 답했습니다. 송구하오나 폐하께서는 나라에서 가장 중요한 것이 무엇이라고 보십니까?"

주원장은 차를 마시며 진지하게 말했다.

"나는 농촌에서 자라고 컸지. 그래서 농민들의 마음을 누구보다 잘 알고 있네. 모든 백성 가운데 농민들이 가장 많은 일을 하면서 힘들게 살아가네. 봄이면 새벽닭이 울기 무섭게 자리에서 일어나 소를 몰고 밭에 나가 농사를 짓지 않나? 씨를 뿌리고 길쌈을 해야 하며 거름도 주어야 하지. 뜨거운 햇볕 아래서 땀을 비 오듯 흘리며 허리를 펼 틈도 없이 일을 해야만 하네. 가을에 추수를 하여 조세를 내고 빚을 갚고 나면 남는 것이 거의 없다네. 게다가 가뭄이 들거나 메뚜기 떼의 피해를 입기라도 하면 온 가족이 발을 동동 굴러도 어찌할 도리가 없지. 그럼에도 국가의 세금은 모두 농민들의 주머니에서 나오고 부역도 농민들의 몫이네. 나라가 부강해지려면 농민들이 먼저 안정된 삶을 살 수 있게 해 주어야 한다는 것이 내 생각이네."

오림과 나복인은 주원장의 진솔한 말에 감동되었다. 오림이 말했다.

"폐하, 폐하의 뜻에 따라 농민을 나라의 중심에 놓고 나랏일을 보겠습니다."

주원장은 고개를 끄덕이며 권했다.

"내가 너무 오래 얘기했나? 자, 차를 들게나."

사실, 주원장은 나라를 세운 후부터 농민의 안정에 온 힘을 쏟았다. 그의 다음과 같은 말이 이를 잘 말해 준다.

"백성이 부유하면 정이 두텁고, 백성이 가난하면 떠나간다. 백성의 부유함과 가난함은 나라의 기쁜 일, 슬픈 일과 관계되는 일이다. 옛날의 정치에 어두웠던 임금은 마음대로 자기 욕심을 챙겨 백성을 궁핍하게 만들어 마침내는 나라를 어지럽혀 망하게 만들었다. 내가 평범한 신분에 있었을 때를 생각해 보았다. 그때는 군대의 난리로 황폐해지고 기근이 심하여 날마다 명아주 잎사귀만을 먹고 지냈었다. 오늘 나는 귀한 사람인 천자(天子)가 되고 부유하게 되었다. 그러나 나는 하루도 내가 품은 뜻을 잊어 본 적이 없다."[『태조실록』 176, 홍무(洪武) 18년 11월]

명 이전의 몽골족이 세운 원(元) 왕조는 지나치게 세금을 징수했다. 중국 인구의 다수를 차지하는 농민들은 세금으로

괴로워했다. 세금을 못 낼 경우에는 감옥에 갇혀 매를 맞아야
만 했다. 이에 비해 명을 세운 주원장은 감세와 면세를 실시
했다. 이런 조치는 농민들의 큰 환영을 받았다.

주원장의 농민을 위한 생각은 국가의 정책으로 나타났다.
사람이 적은 북쪽 지방의 황무지를 개간하는 사람들에게는
자기 토지로 하는 것을 허락하여 자작농의 숫자를 크게 늘렸
다. 또한 그는 농민들에게 가장 중요한 논밭에 물을 대는 관
개사업에 힘썼다. 면화와 뽕나무, 대추나무 재배를 확산시켜
농민들의 생활수준을 향상시키기 위해 노력하기도 했다.

면화와 뽕나무, 대추나무 재배는 농사를 지으면서도 할 수
있는 것이다. 앞에서 우리는 주원장이 메뚜기 앞에서 발을 동
동 굴렀던 농민들의 슬픔을 이야기하는 것을 보았다. 이러한
재해가 닥쳐서도 농민들이 먹고살 수 있도록 하기 위해 주원
장은 이들 작물들을 기르도록 했다.

결국 주원장이 가장 강조한 것은 농민들의 생활을 안정시
키는 것이었다. 그는 다음과 같이 말했다.

"천하가 비로소 평온하게 진정되었다. 그러나 농민(백성)들
의 삶은 여전히 궁핍하다. 이들을 안정시키는 것이 필요하다.
이것은 처음 날기 시작하는 새의 깃털을 뽑지 않고, 새로 심
은 나무는 흔들지 말아야 하는 것에 비유될 수 있다. 정치에
서 가장 중요한 점은 농민(백성)들의 삶을 편안히 하는 데 있

다."(『태조실록』 29, 홍무 원년 정월)

주원장이 농민들을 얼마나 사랑했는가는 차와 관련해서도 잘 알 수 있다. 중국에서 차는 본래 약으로 쓰였다. 지금처럼 우려 마시지 않았다. 그렇다면 이렇게 우려 마시게 된 것은 누구 때문일까? 바로 주원장과 관계가 있다.

주원장은 차의 약용 복용을 금지하고 우려먹게 했던 것이다. 이것이 지금 우리가 마시는 방식이다. 곧 찻잎을 차 그릇에 넣어 마시는 방식이다.

왜 그랬을까? 주원장 이전에는 차를 환약으로 만들어 약으로 복용했다. 그런데 이 과정이 힘든 노동력을 필요로 한다. 찻잎을 따는 일, 말리고 쪄서 떡처럼 반죽해 환약을 만드는 과정은 한결같이 사람의 힘을 필요로 했던 것이다.

이러한 환약은 부자와 지배계층만이 먹었다. 농민들은 차 생산에만 동원될 뿐 차를 먹는 것과는 관계가 없었다. 그들은 씨 뿌리고 벼를 거두어들이는 농사일에 지쳐 있었다. 주원장은 농민들의 고통을 잘 알고 있었다.

그리하여 차의 약용을 금지한다는 칙령을 발표했다. 그 대신 찻잎을 그냥 우려먹으라고 하였다. 우려먹는 찻잎을 만드는 일도 힘들다. 그러나 환약 제조보다는 몇 단계 제조과정이 생략되어 농민들의 부담을 크게 덜어 주었다. 주원장은 차 만드는 백성들의 수고를 측은하게 여겼던 것이다.

이로써 차를 만들기가 편리해졌다. 더욱이 이렇게 마시니

정운붕(丁云鵬)이 그린 명나라 때의
자차도(煮茶圖), 무석시박물관 소장

맑은 향이 보존되어 사람들의 입맛에 잘 맞게 되었다. 주원장의 농민을 사랑하는 마음이 차의 맛을 더 내게 한 셈이다.

언제나 주원장의 관심은 농민과 농촌에 가 있었다. 그 이유는 중국 인구의 압도적인 다수가 농민이며 그들의 터전이 농촌이었기 때문이다.

이와 같은 농촌에서 주원장은 직접 농사를 지어 자급자족하며 사는 것이 가장 이상적인 삶이라고 생각했다. 이와 관련된 일화가 있다. 주원장이 황제가 된 후 관리들은 반드시 그의 허가를 받아야만 퇴직할 수 있었다. 오림이 이부상서로 있다가 퇴직해 농사짓기를 주원장에게 청하였다. 주원장은 이를 허락했다.

오림은 고향인 황강(黃崗)으로 내려가 농사를 지었다. 주원장은 관리를 보내 그의 소식을 알아보게 했다. 황강지역으로 들어선 관리는 한 농민이 작은 의자에 앉아 있다가 모를 심는 모습을 보았다. 관리는 오림의 곁으로 다가가 물었다.

"이곳에 오 상서라는 분이 계시는지요?"

오림은 관리의 세련된 행동거지를 보고 주원장이 보낸 것임을 알아차렸다. 오림은 두 손을 모아 예의를 갖추어 대답했다.

"제가 오 상서, 오림입니다."

관리가 조정으로 돌아와 이런 이야기를 전하자 주원장은 만족해하며 오림을 칭찬하였다.

오림이 역임한 이부상서는 지금으로 치면 행정안전부 장관과 같은 자리이다. 그와 같은 고위관리가 퇴직하여 시골에서 직접 농사를 짓고 있는 것이다. 주원장은 이런 오림에 대해 격려와 미소를 보냈다.

주원장은 퇴직관리뿐만 아니라 현직관리에게도 인간적인 관심을 가졌다. 그는 가끔 평민 복장으로 옷을 입고 궁궐 밖으로 나가 관리들의 언행을 살폈다. 어느 날 그는 갑자기 홍문관 학사 나복인의 집으로 들어갔다. 나복인은 허름하고 오래된 집에 살고 있었다.

마침 사다리에 올라가서 담장을 칠하고 있던 나복인은 마당에 서 있는 주원장을 보고 깜짝 놀랐다. 궁궐에 있어야 할 주원장이 자신의 집에 있으니 얼마나 당황했겠는가?

나복인은 재빠르게 사다리에서 내려와 주원장에게 절을 하였다. 그는 딸에게 작은 나무의자를 가져오게 하여 주원장을 모셨다.

주원장이 나복인에게 물었다.

"여기가 자네 집이 맞는가?"

"예, 폐하, 집이 너무 남루하여 몸 둘 바를 모르겠습니다."

"그게 무슨 소린가? 자네 집을 보니 내가 안타까운 마음이

드는데.”

주원장은 궁궐에 들어와 나복인에게 성 밖의 큰 저택을 주도록 지시했다.

이와 같은 주원장의 신하들에 대한 인간적 관심은 형벌에도 반영되었다. 그는 형벌도 신중하게 집행해야 한다고 생각하였다. 주원장은 형부(刑部)의 신하들에게 이렇게 말했다.

“나는 항상 너희들에게 명령하기를 무거운 죄가 있으면 반드시 세 번 심판하라고 했다. 이것은 백성의 목숨이 너무나 중요하기 때문이다. 그 사정을 잘 알지 못하고 형벌을 남용하면 죽은 자는 다시 살아날 수 없다는 것을 두려워해야 한다. 그러므로 반드시 잘 살피기를 바란다. 지금 너희들은 대개 무거운 형벌을 내릴 것을 아뢴다. 그러나 진실로 윤리를 업신여기고 법을 어지럽혀 죄를 용서할 수 없는 자가 있고, 일시적으로 잘못이 있어 그 사정이 가련한 자가 있다. 그러니 반드시 이 점을 구별해야 할 것이다.”(『태조실록』137, 홍무 14년 5월)

주원장은 위에서 보듯이 중대한 범죄에 대해 형벌을 주면서도 관용성을 가질 것을 지시하였다.

더 나아가 그는 사형만이 최선이 아니라는 생각을 갖고 있었다. 홍무 15년(1382) 정월에 주원장은 형부(刑部)에 다음과 같이 명령했다.

“때는 바야흐로 만물이 소생하는 봄이다. 아무것도 모르는 백성이 법을 어겨 어쩔 수 없이 사형을 받을 죄를 지었다 하더라도 차마 그렇게는 할 수 없다. 그러니 사형은 내리지 말라."

주원장의 지시가 있은 지 20일 후에 호광(湖廣)과 강서(江西)의 지방관들이 어업세(漁業稅)를 훔치자 형부에서는 법에 따라 사형에 처할 것을 아뢰었다. 이때 주원장은 그들을 불쌍히 여겨 죽이지 말고 감형하기를 명했다.

주원장은 고문에 대해서도 백성들의 원성이 있자 금지시켰다. 홍무 15년에, 검찰과 체포, 심문을 하나로 통일하기 위해 금의위(錦衣衛)를 설치했다. 금의위는 감시정치를 강화하기 위해 만든 황제직속의 기관이었다. 이 기관은 황제를 모시고 지키는 일뿐 아니라 범인의 심문, 체포까지 맡고 있었다. 무거운 죄를 지었다고 의심되는 사람을 감옥에 가두고 고문용 기구인 형구(刑具)로 잔인한 고문도 했다.

5년 후인 홍무 20년에 조정 안과 밖에서 금의위의 고문에 대한 원성이 커졌다. 주원장은 이러한 금의위의 행동이 너무나 잔인함을 깨달았다. 그는 다음과 같이 명령했다.

"금의위는 어찌 죄인을 취조하여 불태워 죽이려고만 하는가. 그 형구를 불사르고 금의위에 있는 죄수는 모두 형부(刑部)에 보내어 살피게 해라."(『태조실록』 180, 홍무 20년 정월)

주원장은 백성들의 마음을 읽고 이에 맞게 정책을 시행했던 것이다.

또한 운하를 만들거나 관개를 하는 큰 공사 때에도 백성에게 부담이 되지 않도록 배려했다. 노예를 풀어주는 노예해방도 단행했다.

　주원장은 가끔 평민의 옷으로 갈아입고 시장을 돌아다니며 민심과 민생을 살폈다. 어느 날 그는 한 사람의 환관만을 데리고 몰래 궁궐을 빠져나와 시내 중심에 있는 시장으로 향했다.
　주원장이 시장에 들어서며 환관에게 말했다.
　"너는 이곳 남경이 고향이지? 예전에 여기는 어땠느냐?"
　"예, 폐하."
　주원장은 환관을 노려보며 나직이 말했다. "내가 여기에서 폐하라 하지 말라 했지 않느냐."
　환관은 얼굴을 붉히며 대답했다.
　"예, 나리, 예전 난리 때 여기에는 노점 몇몇과 시골에서 재배한 농작물을 팔러 오는 행상들이 가끔 보였습니다. 그런데 지금 이렇게 많은 가게와 다양한 상품들이 진열되어 있는 것을 보니 놀라울 따름입니다. 사람들은 이곳을 보고 천지가 개벽했다고 합니다.
　또 있습니다요. 옛날에는 농민들이 자기가 재배한 농작물을 다른 필요한 것으로 교환했습니다. 돈이 있어도 잘 쓰이지 않았지요. 지금은 보시다시피 화폐로 물건을 사고파는 것이 보통이라 합니다."
　주원장은 시장의 가게들을 둘러보며 웃으며 말했다.
　"허허, 이제야 서민들의 생활이 조금 나아진 것 같구나. 자, 안으로 더 들어가 보자."

시장의 중심가는 즐비한 가게와 다양한 상품들이 전시되어
있었고, 많은 사람들로 북적거렸다.

그는 여기에서 부녀자들이 새로운 옷을 입고 있는 것을 발
견했다. 주원장은 수행한 환관에게 물었다.

"지금 보니 새로운 옷들이 많이 보이고 있군. 저 여자들이
입고 있는 옷이 무엇이냐?"

"나리, 그 옷은 최근에 부녀자들 사이에 유행하는 옷으로,
수전의(水田衣: 논처럼 생긴 옷)라 부른다 합니다."

"그래, 왜 수전의라 하느냐?"

"예. 자세히 보면 저 옷은 형태가 다른 천 조각들을 붙여
만들어졌습니다. 그래서 옷 모양이 논이 이어진 모양과 같다
고 하여 붙여진 이름이라고 합니다.

"이제 보니, 마치 논이 이어진 것 같구나."

"나리, 저 옷이 유행하는 이유가 있다 합니다. 보시다시피
수전의는 여러 가지 색채로 되어 있어 아름답게 보입니다. 그
리고 종래의 옷과 달리 활동에도 편리하다 합니다."

주원장은 고개를 끄덕이며 말했다.

"저런 옷을 누가 유행시켰지?"

환관은 웃으며 대답했다.

"그게……, 농촌의 부녀자들이 먼저 입다가 지금은 관리와 유
학자의 부인들도 많이 입는다고 들었습니다."

주원장은 의아한 듯 고개를 갸웃거리며 물었다.

"대체로 옷의 양식은 상류사회에서 먼저 입다가 농민과 같

명나라 시대에 유행한 수전의

은 서민들에게로 전파되는 것이다. 어떻게 농촌 부녀자들의 옷을 관리와 유학자들의 부인이 입게 되었단 말이냐?"

"예, 나리께서 농민을 위주로 생각하고 농민을 사랑하는 정책을 펴신 것이 옷에까지 영향을 준 것 같사옵니다."

주원장은 껄껄 웃으며 말했다.

"농촌의 옷이 상류사회에도 영향을 주었다니 농촌도 이제는 어려움에서 조금은 벗어난 것 같구나."

주원장이 지향했던 농민을 위주로 한 사회가 옷에도 영향을 미치고 있었다. 이와 같이 농민을 사랑한 주원장에게 또 다른 모습이 있었을까? 다음에서 이 점을 살펴보자.

3. 엄격한 심판관, 주원장

주원장의 두 번째 초상화
를 보자. 인물의 분위기가
앞의 초상화와 다르다. 눈은
화난 얼굴로 부릅뜨고 있다.
마치 죄인을 심문하는 태도
로 옥좌에 앉아 있는 것이
다.

이런 주원장이 다스린 명
나라는 어떤 모습이었을까?
명이 건국될 무렵에는 고급
관리인 문 관(文官)이 8천 명
정도밖에 없었다. 공공문서

주원장의 공식 초상화

의 관리와 행정사무를 맡은 실무 인력은 이(吏)라고 불렸는데, 이
들은 문관과는 다른 계층이었다. 이의 월급은 무척 적었다. 그
들은 겨우 가족들을 먹여 살릴 수 있을 뿐이었다.

관리들에 대한 법률적 제한은 매우 엄격하였다. 모든 관리
들은 일정한 수속과 허가를 거치지 않는 한, 성문을 한 발짝
도 벗어날 수 없었다. 이를 위반하는 자들은 백성을 어지럽힌

죄로 사형에 처해졌다.

주원장은 관리의 범죄에 대하여 엄격하게 형벌을 주는 정책을 취했다. 이런 점은 홍무 18년에 반포된 『어제대고』(御制大誥)에서 알 수 있다. 어제(御制)란 황제가 지었다는 뜻이며, 대고(大誥)란 크게 경계한다는 뜻이다. 그러므로『어제대고』는 주원장이 직접 지어 크게 경계한 문서로 해석된다.

『어제대고』에는 단수(斷手: 손을 자름), 가항(枷項: 목덜미에 칼을 채움), 추수(柧手: 손에 수갑을 채움), 묵면문신(墨面文身: 얼굴에 먹으로 문신을 함), 도근거지(挑筋去指: 손가락과 발가락의 힘줄을 도려 파냄), 도근거슬(挑筋去膝: 무릎의 힘줄을 도려 파냄) 등 형벌의 사례가 있다.

주원장은 법을 어기면 어떤 법에 의해 처벌될 것이라는 것을 알게 하기 위해『어제대고』를 모든 관리들의 집에 비치하도록 했다. 그리고 관리들에게『어제대고』를 철저히 익히도록 하였다. 그것은 형벌을 목적으로 한 것이 아니었다. 그는 형벌을 두려워하여 죄를 짓지 않게 하려는 의도를 가지고 엄격한 형벌을 규정하였다. 그의 극형에 대한 본심은 만년에 들어와 다음과 같이 말한 것에서 잘 드러난다.

"어짊(仁)을 베풀면 나라가 잘 다스려질 것이다. 뒤를 잇는 황제들은 묵형(墨刑: 이마에 먹으로 새기는 형벌), 발꿈치를 베는 형벌, 코를 베는 형벌 등은 결코 행하지 말라. 신하가 이러한 형벌을 간청할 경우에는 엄히 다스리도록 하라."

결국 형벌의 목적은 관리들이 범죄를 저지르지 않고 황제인 자신에게 절대적으로 복종하도록 하는 데 있었던 것이다.

관리들에 대한 감시도 철저하게 행해졌다. 송렴(宋濂)이라는 개국공신이 있었다. 그는 대학사로서 황태자의 스승이기도 하였다. 어느 날 저녁 송렴이 손님을 초대하여 식사를 했다.

다음 날 주원장은 송렴을 불렀다. 그는 옥좌에서 송렴을 내려다보며 물었다.

"자네 어제 저녁에 누구와 만났나?"

송렴이 당황하며 대답했다.

"예, 폐하, 고향에서 온 친구를 만났습니다."

주원장이 오른손으로 턱을 괴며 말했다. "그 친구와 함께 무엇을 했나?"

"예, 술을 마셨습니다."

주원장은 예리하게 송렴을 노려보며 물었다.

"안주는 무엇이었지?"

송렴은 뜻밖의 물음에 진땀을 흘리며 아뢰었다.

"예, 간단히 만두 반 근으로 안주를 대신했습니다."

주원장은 껄껄 웃으며 말했다.

"모두 맞아. 날 속이지 않았어."

어제 저녁에 있었던 신하의 행적과 먹은 안주까지 알고 있는 주원장의 모습에서 광기가 느껴지기까지 했다.

그는 지방에 순검사 및 보조 순검사를 설치하여 간첩이나 탈옥수, 소금 밀매업자 등을 철저하게 심문하게 했다.

나아가 그는 이갑제(里甲制)를 만들었다. 이갑제는 호구를 이갑으로 편성한 것이다. 110호를 1리(里)로 하였다. 1리 가운데서 부유한 사람 10호를 이장호(里長戶)라 하고, 나머지 100호를 10갑으로 나누었다. 10개의 갑마다 1갑수(甲首)가 있었다. 해마다 1이갑과 1갑수가 세금의 독촉과 범죄자의 구속 등 리(里: 마을)의 사무를 집행하였다.

백성들은 한 곳에 정착하면 반드시 국가의 허락을 받아야만 이동이 가능했다. 주원장은 백성들이 자유롭게 갈 수 있는 거리를 20리(12㎞)로 정했다. 이는 간단한 교통수단으로 하루에 오고 갈 수 있는 최대거리였다. 그가 법으로 정한 최대한의 범위는 100리(58㎞)였다. 더 멀리 가려면 통행증을 얻어야만 했다. 통행증 없이 살던 곳을 벗어나면 장형(杖刑) 80대에 처해졌다. 그리고 수공업자나 상인들의 모든 활동을 마을 사람들이 알도록 했다.

한마디로 말해서 주원장은 백성들을 완전히 땅에 묶어 놓고 향촌에서 살도록 했다.

이와 함께 주원장이 취한 대외정책은 어떠했을까? 그는 원나라(중국대륙에 있던 국가로는 1271년~1368년, 유목민 국가로는 1271년~1635년)가 지나친 침략으로 피폐해진 점을 알고 부득이한 사정에서만 전쟁을 했다. 다른 나라를 쉽게 침략하지도 않았다. 이러한 정책은 농민들과 관계가 있었다. 다른 나라와 전쟁을 하게 되면 농민들이 조세와 부역의 대부분을 부담했기 때문이다.

이런 예를 차와 관련해서 볼 수 있다. 주원장은 전쟁이 아니라 차로 티베트를 예속시켰던 것이다. 명나라(1368년~1644년) 이전에 중국과 티베트는 역사적으로 강력한 경쟁관계에 있었다.

당나라(618년~907년) 때는 티베트와 여러 번 전쟁을 하여 티베트의 군대가 당나라의 수도 인근에까지 쳐들어온 적도 있었다. 이와 반대로 당나라 군대가 티베트의 청해(靑海) 지역에서 큰 승리를 하기도 하였다. 주원장은 이러한 전쟁이 농민들의 희생과 고통을 불러온다는 점을 인식하고 있었다.

주원장은 티베트가 차 없이는 살 수 없다는 것을 잘 알고 있었다. 차는 신경을 자극하여 권태감을 없애 주고 원기를 회복시켜 준다. 이뇨작용과 살균, 해열, 해독작용까지도 한다.

차가 티베트에 보급된 것은 당나라 중기 이후이다. 차가 소화를 돕는 약리효과가 있음이 알려지면서 육식을 주로 하는 티베트인들에게 중요한 물품이 되었다.

더욱이 티베트인들은 야크고기와 곡물이 주식으로 이 음식물로는 비타민 C를 섭취할 수 없다. 비타민 C가 부족하게 되면 괴혈병이 나타나고 질병에 대한 면역력이 떨어지게 된다.

그들은 비타민 C를 섭취하기 위해 야크 젖으로 만든 버터(수유)와 차를 같이 끓여서 만든 수유차를 하루 20잔 가량 마신다. 차는 하루라도 없어서는 안 될 생활필수품인 것이다.

티베트인들은 중국의 차를 자기들의 특산물인 날랜 말과 교
환했다.

주원장은 차를 정부의 강력한 통제 밑에 두었다. 그는 이전
시기인 송(宋)나라(960~1279년) 때 차 1800근－말 1필로 교환
하던 것을 차 120근－말 1필로 교환하도록 했다.

차 값이 무려 15배나 올랐다. 티베트에서는 차가 검은 황금
(흑금자)이 되었다. 그래도 티베트인들은 이를 마셔야만 했다.
그들에게 차는 기호품이 아니라 '생명의 샘'이었다. 주원장은
이러한 차를 활용해 전쟁을 하지 않고 티베트를 통제했던 것
이다.

여기에서 주의해 보아야 할 것이 있다. 티베트는 차를 얻기
위해 명을 침략할 가능성이 있었다. 송대에 비해 명대에 차
값이 15배나 올랐으니 말이다. 침략을 해서 명의 영토를 차지
한다면 차를 공짜로 얻을 수 있다. 그렇지만 티베트는 명나라
의 요구에 따른 채 값비싼 차를 수입해야만 했다.

여기에 주원장의 혜안이 있었다. 말은 전시에 곧바로 군사
력으로 이용될 수 있다. 명나라는 차를 조금만 팔고도 티베트
의 말을 훨씬 더 많이 구입할 수 있었다. 이렇게 되면 티베트
의 말이 줄어들게 된다. 티베트의 군사적 역량이 약화될 수밖
에 없는 것이다. 결국 티베트는 명의 요구를 그대로 들어 주
어야만 했다.

차라는 먹을거리를 통해서 알 수 있듯이 주원장의 마음은
언제나 농민들과 백성들에게 가 있었다.

농민들과 백성들의 마음을 헤아렸던 주원장은 근검절약이 생활화되어 있었다. 그는 옷이 낡고 헤지면 그것을 내의로 다시 입었다. 주원장은 항상 주위 사람들에게 이렇게 말했다.

"모든 것은 마음먹기에 달려 있다. 욕심을 부리지 않는다면 욕망이 생기지 않을 것이다. 그러면 자연히 사치하지 않을 것이다. 욕심이 일단 생기게 되면 사치하게 된다. 그 다음으로 오는 것이 패망이다. 이 점 때문에 나는 항상 욕심과 사치에 대해 경계심과 두려움을 가지고 있다."

지금까지의 기록을 보면 주원장은 이상적인 황제에 가깝다. 우선 그는 절대다수를 차지하는 농민들의 마음을 헤아릴 줄 알았다. 감세와 면세를 통해 농민들의 마음을 얻었던 것이 이를 잘 말해 준다.

주원장의 이러한 조치는 그의 배경에서 연유하였다. 그는 홍건적(紅巾賊)의 지도자로 명나라를 건국했다. 홍은 붉다는 뜻이며 건은 머리에 쓰는 두건이다. 적은 도적을 말한다.

홍건적은 붉은 두건을 쓴 도적이었다. 홍건적을 구성한 대다수 사람들은 농민들이었다. 그들은 가뭄과 기근, 가혹한 세금 때문에 고통을 받다가 먹고살기 위해 봉기한 농민들이었다. 주원장은 이들 속에서 그들이 겪은 경험을 그대로 겪고 성장했다.

주원장이 즉위한 후 명대 초기에는 홍건적과 같은 대규모 농민 봉기가 일어나지 않았다. 이 점은 그의 농민을 우선하며 사랑했던 정책이 성공했음을 보여 준다.

4. 포악한 동물, 주원장

세 번째의 초상화를 보자. 눈은 예리한 모습으로 전방을 응시하고 있다. 압권인 것은 그의 하관이다. 턱이 울퉁불퉁하고 마치 거친 바위를 다듬어 놓은 것 같다. 사람이라고 하기에 뭔가 어색할 정도이다. 마치 소나 말과 같은 인상이다.

주원장은 사람 죽이는 것을 즐겼다. 대신과 관리들은 이 때문에 전전긍긍해야만 했다. 조회 때에 주원장을 만나야 하는 그들의 신경은 온통 그가 매고 있는 옥대에 가 있었다.

주원장의 옥대가 가슴 앞까지 치켜 올라가 있으면 기분이 좋다는 표시였고 사람들을 적게 죽였다. 그렇지만 옥대가 배 아래로 처져 있으면 심기가 좋지 않다는 뜻이었다. 이때에 관리들은 얼굴이 노랗게 되어 떨어야만 했다.

이러한 공포 분위기를 주

민간에 전하는 주원장 초상화

원장은 제도적으로 마련하였다. 그는 황제의 눈과 귀가 되는 감찰기관인 원나라의 어사대(御史臺)를 도찰원(都察院)으로 개편하고, 장관을 좌우도어사(左右都御使)라 이름 지었다. 그 밑에는 백십 명의 감찰어사가 있었다. 어사들은 대신과 관리, 백성들을 감시하여 주원장에게 보고했다.

이뿐만이 아니었다. 그는 심복을 수양아들로 만들어 검교(檢校)에 임명하여 신하들의 언행을 감시했다. 앞에서 본 금의위라는 기관 역시 신하들을 정탐하는 기능을 하고 있었다. 이중 삼중의 감시망이 펼쳐지고 있었다. 공포 분위기가 조성된 것이다.

주원장이 감시한 주요 대상은 관리들이었다. 주원장은 모든 주(州)와 현(縣)에 박피정(剝皮亭)을 세웠다. 박피란 껍질(피부)을 벗긴다는 뜻이며, 정이란 정자이다. 그러니까 껍질(피부)을 벗기는 정자라는 뜻이다. 부정 등 혐의로 지목된 관리들은 바로 껍질을 벗겨, 그것을 정자에 걸어 경계로 삼도록 했다.

희생된 사람들 중에는 주원장을 도와 명나라를 건국하는 데 중요한 역할을 한 공신들도 있었다. 대표적인 인물로 호유용(胡惟庸)과 남옥(藍玉)을 들 수 있다.

먼저 호유용을 보자. 호유용은 홍무 6년에 좌승상이 되어 막강한 권력을 행사하였다. 좌승상은 한국의 직책에 비유한다면 국무총리직이라고 할 수 있다.

그는 자신의 지위를 남용하는 일이 많았다. 심지어는 각 주현(州縣)에서 올리는 보고문 가운데 자신에게 불리한 내용의 보고문은 황제에게 올리지도 않았다. 인사문제도 그의 권한이었다. 어느 조직이나 인사는 가장 핵심적인 문제에 속한다. 사람들이 조직에서 승진하거나 요직에 기용되기를 바라는 것은 인지상정이다. 이 때문에 조정에서는 점차 호유용의 파벌이 형성되었다.

주원장은 이를 용서할 수 없었다. 마침내 주원장은 호유용을 역모에 가담했다는 죄목으로 처형하였다. 이 사건에 대한 처벌은 홍무 13년(1380년)부터 10년간 이루어졌다.

호유용뿐만 아니라 호유용의 당파로서 역모에 가담했을 것으로 판단되는 사람들까지 연좌되어 3만 명이 처형되었다.

호유용에 연루되어 처형된 숫자가 무려 수만 명이다. 분명히 억울하게 죽은 사람도 있을 것이다. 그야말로 공포의 태풍이 불었던 것이다.

주원장은 이 사건을 계기로 승상제도를 폐지하고 육부(六部: 이·호·예·병·형·공)의 상서(尙書: 장관)를 황제의 직속 아래에 두었다.

한국 정치에 비유한다면 국무총리를 없애고 장관이 직접 대통령에게 보고하고 재가를 받는 것이다.

육부를 황제권에 예속시키면 당연히 황제권이 강해진다. 그렇지만 황제는 대통령과 비교될 수 없다.

대통령은 삼권분립에 의해 국회와 사법부의 견제를 받는다. 황제는 이런 견제기관이 전혀 없었다. 한마디로 황제 1인에 의한 독단적인 정치가 행해지는 것이다.

이렇게 황제가 막강한 권한을 가지는 데도 주원장은 여기에 만족하지 못했다. 그는 스스로 승상의 권한을 겸하였다. 주원장은 권력을 절대적으로 소유하고 신하들이 권력에 접근하는 길을 아예 막았다.

호유용과 그 세력을 숙청한 후인 홍무 26년(1393년)에 주원장은 다시 피바람을 일으켰다. 대장군 남옥과 관련된 모반 사건이 그것이다.

남옥은 키가 남보다 머리 하나는 더 컸다. 그는 균형 잡힌 몸매에 단단한 팔과 다리를 가졌다. 거기다가 날쌔었으며 무예 또한 뛰어났다.

그는 명나라가 건국될 무렵에 명장 상우춘(常遇春) 밑에서 뛰어난 전공을 세웠다. 1388년에는 15만 대군을 거느리고 몽골의 바이칼 호수까지 쳐들어가기도 하였다. 그리하여 북원(北元)의 황자·황녀·후비 등 황족 130여 명과 7만여 명의 남녀 포로와 말·낙타 56만 필을 전리품으로 가져왔다. 크게 승리한 그는 주원장으로부터 양국공(凉國公)으로 책봉받았다.

남옥은 성격이 화통하고 거칠었다. 이런 성격을 가진 사람은 거침없이 일을 처리한다. 남옥이 그랬다. 군대 내의 장교를 승진시키고 면직할 때는 주원장에게 보고를 해야만 했다. 그런데 그는 자의적으로 장교 인사를 처리하였다. 이런 점에 대해 주원장은 그를 꾸짖었다.

주원장은 의심의 눈초리로 남옥을 지켜보고 있었다. 남옥이 군대를 통솔하다 보니 휘하에는 뛰어난 장군들과 군인들이 그의 밑에 있었다. 주원장은 남옥의 군에 대한 장악력이 자신에 대한 위험요인이 된다고 판단했다.

이 무렵 금의위 지휘 장환이 올린 비밀 고발장이 주원장에게 들어왔다. 그 고발장에는 남옥이 반란을 꾀하고 있다는 것이 적혀 있었다. 주원장은 금의위 관원들에게 남옥을 체포하도록 했다.

지시를 받은 금의위 관원들이 늦은 밤에 남옥의 집에 들이닥쳐 외쳤다.

"여봐라, 어서 문을 열어라, 황제폐하의 명령이시다."

시끄럽게 문을 두드리는 소리에 남옥의 집을 지키는 청지기가 물었다.

"누구시오? 이 야심한 시각에 문을 함부로 두드리다니."

관원들은 문을 부술 듯이 발로 차며 소리쳤다.

"대역죄인 남옥을 잡으러 왔다. 어서 문을 열지 못하겠느냐?"

청지기가 문을 열자 시퍼런 창칼들이 번쩍이며 남옥의 집으로 쏟아져 들어왔다. 금의위 관원이 군사들에게 명령했다.

"여봐라, 대역죄인 남옥을 끌어내어 오랏줄로 묶어라."

소란스런 소리에 애첩과 자고 있던 남옥의 눈이 번쩍 떠졌다.

남옥이 방에서 소리쳤다.

"누구냐? 이놈들."

금의위 관원들과 군인들이 신발을 신은 채로 남옥의 방에 들어갔다.

"대역죄인 남옥은 오랏줄을 받으라."

푹신한 침대에서 단잠을 자던 남옥이 한순간에 포승줄에 묶였다. 그는 어둠침침하고 으슥한 감옥에 집어넣어졌다. 남옥에 대한 조사는 고문을 통해 이루어졌다.

그렇다면 그 고문은 어떤 방식으로 이루어졌을까? 남옥이 고문당하는 광경을 보자.

그는 감옥에서 넓은 뜰로 끌려 나왔다. 뜰 위의 높은 계단 위에는 환관이 의자에 앉아 있었다. 그리고 금의위의 고위 관원들은 환관의 왼쪽과 오른쪽에 앉아 있었다. 왼쪽 가장자리에는 어린 환관 30명이, 오른쪽 가장자리에는 금의위의 실무 관원 30명이 서 있었다.

뜰 아래에는 형을 집행하는 형리 백여 명이 짧은 바지를 입고 손에는 몽둥이를 든 채 기다리고 있었다.

중앙의 의자에 앉은 환관이 남옥을 바라보며 소리 질렀다.

"네 이놈, 네가 남옥이냐? 어제까지 너는 대장군이었지만 지금은 벌레보다 못하다. 그러니 어서 너의 역모 죄를 자백해라. 이번에 황제께서 거행하시는 적전의식(籍田儀式: 춘경이 시작될 때 행하는 제사의식) 때, 너는 군대를 동원하여 반란을 획책하려 했지?"

남옥은 무릎이 꿇린 채 환관을 쳐다보며 말했다.

"말이 되지 않소. 그런 일은 없었소. 나는 오로지 황상폐하와 국가를 위해 충성을 다한 죄밖에 없소."

환관이 거칠게 남옥을 향해 손짓하며 말했다.

"저놈이 아직 정신을 못 차렸구나. 여봐라, 저자에게 곤장 10대를 쳐라."

형리들은 남옥에게 달려들어 강제로 땅에 엎드리게 했다. 그들은 남옥의 바지를 우악스럽게 벗겨 볼기와 넓적다리를 드러내었다.

형리들은 질긴 밧줄로 남옥의 어깨 아래 몸을 여러 겹으로 묶었다. 다시 남옥의 두 발을 묶고 형리 4명이 사방에서 줄을 잡아당겼다.

남옥은 치욕감과 공포로 입을 떨었다.

환관은 조소를 지으며 말했다.

"네가 천하의 대장군 남옥이 맞느냐? 어찌 매를 맞지도 않았는데 떨고 있느냐? 여봐라 어서 매를 쳐라."

형리들이 일제히 대답했다.

"예, 바로 시행하겠습니다."

형리가 박달나무로 만든 매를 사정없이 치자 남옥의 입에서 고통스런 비명이 쏟아졌다. 그는 입술을 깨물며 아픔을 참으려 했다.

곤장 10대를 맞은 후에 그의 모습은 완전히 달라져 있었다. 눈의 초점이 흐려지고 수염이 문드러져 버렸다.

환관은 남옥을 바라보며 말했다.

"이 사안은 너무도 중요한 모반죄이다. 더욱이 이 사건은 황제폐하의 특별지시로 심문이 이루어지는 것이다. 오늘은 이만하고 1주일 후에 다시 조사를 하도록 하겠다.”

환관은 왜 1주일 후에 다시 조사를 한다고 했을까? 인간의 피부는 곤장 10대를 맞을 때까지는 심한 고통을 느낀다. 그러나 10대를 맞은 후에는 피부조직이 마비되어 아픔을 느끼지 못한다.

모반죄를 토설시키기 위해서는 고통을 최대한도로 주어야 한다. 남옥을 감옥에 보내어 1주일쯤 지나면 상처가 아물기 시작할 것이다. 그때 곤장을 치게 되면 피부를 도려내는 것 같은 고통을 겪어야 한다. 환관은 이를 알고 1주일 후로 심문을 연기했던 것이다.

감옥에 밀어 넣어진 남옥은 설움이 왈칵 밀려와 나직이 속삭였다 ‘어제까지 대장군이었으며, 군부의 실력자인 내가 차디찬 감옥에 있다니. 더구나 죄명인 모반죄는 3족을 멸하는 것인데……. 내가 비록 권력을 남용한 적이 있으나 황제를 배반한 적은 결코 없었다.’

남옥의 피부는 빨갛게 변했다가 시퍼레졌다. 제대로 앉아 있을 수도 없었다.

남옥은 오늘 매를 맞고 고통에 몸서리쳤다. 그런데 1주일 후에 다시 매를 맞아야 한다. 15만 대군을 거느리며 몽골을 호령했던 남옥의 온몸은 상처의 쓰라림으로 아려 갔다.

드디어 1주일이 다가왔다. 남옥은 다시 형장으로 끌려왔다.

환관은 남옥에게 조소를 보내며 입을 열었다.

“그래 매맛이 어떠냐? 지금 이 자리에서 모반을 자백할 테냐? 아니면 매를 맞을 테냐?"

남옥은 자신의 자백이 곧 자기 가족과 친족 모두를 죽인다는 것을 알고 있었다. 모반죄에 걸리면 3족이 처벌된다. 3족은 부계와 모계, 처계를 말한다. 이 중에서 8촌 이내의 남자는 모두 처형된다. 어린아이도 예외가 아니었다. 그리고 여자는 노예로 팔려 간다.

남옥은 힘없는 소리로 말했다.

"정말로 나는 반란을 꾀하지 않았소. 정말이오."

환관은 형리들에게 거칠게 지시했다.

"여봐라, 이자가 아직도 정신을 못 차렸다. 곤장 20대를 집행한다. 먼저 10대를 때린 후에 10분을 쉬었다가 다시 치도록 하라."

형리들은 이전과 마찬가지로 남옥을 묶었다.

묶인 남옥의 몸이 부들부들 떨려 왔다. 환관은 높은 의자에 앉아 조롱하며 말했다.

"네가 15만 대군을 호령한 남옥이 맞느냐? 떨고 있는 몸을 보니 참 가련하구나."

형리의 굵직한 몽둥이가 볼기와 넓적다리를 사정없이 후벼 팠다.

"퍽, 퍽, 퍽……."

살이 베일 것 같은 통증에 남옥의 입술이 말라 버렸다.

환관은 야릇한 미소로 이 광경을 즐기며 조롱했다.

"네 이놈, 사람들은 너를 보고 호랑이라고 한다지? 지금은 물에 빠진 생쥐 같구나. 하하하……."

10분의 공백 뒤에 형리의 몽둥이가 다시 남옥을 치려 할 때, 그의 입이 저절로 열렸다. 남옥은 꺼져 가는 목소리로 말했다.

"알겠소……, 내가 황제를 배반했소."

환관은 통쾌한 목소리로 외쳤다.

"역시 매 앞에 장사 없다는 말이 맞는군. 남옥이 딱 그 짝이야. 여봐라, 죄인이 죄를 자백했다. 그만 쳐도 좋다."

환관은 한달음에 주원장에게 갔다. 주원장은 마침 침실에서 책을 읽고 있는 중이었다.

환관은 가쁜 목소리로 주원장에게 아뢰었다.

"폐하, 드디어 남옥이 반역을 꾀한 죄를 자백했습니다."

주원장은 음험한 얼굴로 환관을 쳐다보며 물었다.

"정말 남옥이 죄를 자백했느냐?"

"예, 매를 때리니 1주일 만에 자백했습니다."

"매를 때리는 정장(廷杖)은 내가 개발했지……. 그 방법이 효과가 있더군. 건국공신이란 자들은 가만히 놔둘 수 없어. 그들은 언제든지 내 권력을 침탈할 수 있는 위험한 인물들이거든. 뿌리째 없애 버려야 돼. 그래야만 황제의 권력이 튼튼해지고 나라가 안정되는 거야."

"이제 남옥과 관련된 자들을 조사하려고 합니다."

"남옥이 죄를 자백했으니 그와 관련된 자들을 철저히 찾아 발본색원하게. 조금이라도 나에게 위협이 될 가능성이 있는 자들을 놔둘 수는 없지. 그들의 씨를 말려 버려야 해."

환관은 허리를 숙여 대답했다.

"예, 폐하, 분부대로 남옥과 관련된 자들을 잡아들여 철저히 조사하겠습니다."

남옥과 가까웠던 부하 장군들과 관리들이 잡혀 와 가혹한 고문과 함께 처형되었다. 이 사건에 연좌되어 희생된 사람들이 2만여 명이었으니 조그만 도시의 인구가 남옥의 한마디로 사라져 버렸다.

주원장은 남옥과 같은 공신뿐만 아니라 대신과 관리·백성을 가리지 않고 정장을 가했다. 이런 가혹한 행위는 주원장이 절대적인 황제 권력을 수립하기 위한 목적에서 이루어졌다.

그뿐이 아니었다. 주원장은 죄인들을 잔인하게 다루었다. 이 시기의 형벌로는 능지(凌遲: 팔·다리와 몸을 절단하는 극형)·참수(斬首: 목을 자르는 형벌)·족주(族誅: 가족을 죽이는 것)·박피(剝皮: 껍질 벗기기)·알슬개(揠膝蓋: 무릎 앞 한가운데에 있는 종지뼈 뽑기) 등이 있었다. 주원장은 능지·족주·박피 등 가혹한 형벌을 수천 건이나 행했다.

『명사』 형법지는 수많은 혹형이 "예전의 제도를 따르지 않고 명 왕조에서 만들어졌다."고 적혀 있다.

주원장의 무서운 손길은 하급관리나 지주들에게도 미쳤다. 홍무 18년, 누군가 호부시랑 곽환(郭桓)이 뇌물을 받았다고 고발했다. 주원장은 호부 좌우시랑 이하 모든 관리들을 사형에 처하고, 지주들이 소유한 7백만 석에 달하는 곡식을 추징했다. 이에 연루되어 수만 명의 하급관리와 지주들이 사형당했다.

5. 주원장의 그림자

주원장은 왜 끊임없이 사람들에게 고통을 주고 죽였을까?
이 문제는 그가 자란 환경과 심리적 문제에서 찾아볼 수 있다.

주원장이 살았던 시기는 원나라가 기울어져 갈 무렵이었
다. 이 당시 농민들은 가혹한 부담을 안고 살아야 했다. 그들
은 국가에 대해 수확량의 반을 바쳐야 했으며 지주에게도 실
(絲)과 같은 현물을 주어야 했다. 그리하여 이를 견디지 못한
농민들이 사방으로 도망치고 있었다.

이런 혼란스런 상황에서 주원장은 1328년에 안휘성(安徽省)
의 호주(濠州)에서 태어났다. 호주는 황하(黃河)와 장강(長江)
사이를 동서로 흐르는 회하(淮河)의 근처에 있다. 이 지역은
땅의 높이 차가 적은 평원에 황하, 회하라는 큰 강이 흐르고
있어서 물이 잘 빠지지 않는다.

그래서 비가 많이 오면 홍수가 나고, 적으면 가뭄이 드는
곳으로, 10년에 9년은 흉작이라고 할 정도로 수확이 나쁘다.
이렇게 농사가 잘되지 않는 곳의 아주 가난한 가정에서 주원
장은 태어났다.

그의 본래 이름은 중팔(重八)이었다. 이름에서 중(重)은 돌림
자이다. 그는 할아버지에게 여덟 번째 손자였다. 그래서 중팔

이로 이름 지은 것이다. 원장(元璋)이라는 이름으로 개명한 것은 그가 귀하게 되고 나서의 일이다.

그의 할아버지는 원 왕조 초기에 강소성(江蘇省) 구용현(句容縣) 주가항(朱家巷)에서 사금 채굴로 먹고살았다. 그러나 나라에 내야 하는 지나친 세금 때문에 강소성 우이현(盱貽縣)으로 도망하여 농사를 짓기 시작했다. 그의 아버지 역시 한 뼘의 땅도 갖지 못한 가난한 농민으로, 식량을 구하기 위해 강소성 우이현, 안휘성(安徽省)의 영벽(靈壁) 등 여러 지역을 떠돌아다녔다. 마지막에 그는 호주(濠州)의 종리현[鐘離縣: 현재 안휘성 봉양부 임회현(安徽省 鳳陽府 臨淮縣]에서 살았다.

주원장 집안은 가난한 농민이라기보다는 이리저리 옮겨 다니는 유민에 가까웠다. 주원장은 아버지 주세진과 어머니 진씨 사이에서 6남매 가운데 막내로 태어났다. 위로 세 명의 형과 두 명의 누나가 있었다.

종리현에서 농사를 지으며 산 지 10여 년이 되던 1344년(지정 4년)에, 회하 유역 일대가 가뭄과 메뚜기 떼로 인하여 커다란 피해를 입었다. 설상가상으로 전염병이 돌았다. 이 때문에 주씨 일가는 부모와 큰아들을 한꺼번에 잃었다. 이때, 주원장의 나이는 16세였다.

이후 황제가 된 주원장은 1379년에 고향의 아버지 묘를 정비해 황릉(皇陵)을 만들고 비석을 세웠다. 이 비석에 스스로 쓴 글을 새기게 하였다. 비석에 새긴 글은 주원장의 참 면모를 그대로 보여 주고 있다.

"홍무(洪武) 11년 여름 4월에 강음후(江陰侯) 오량(吳良)에게 명하여 일을 감독하게 하고 황당(皇堂)을 새로 만들었다.

이제 내 모습을 가만히 본다. 어느덧 세월이 흘러 단지 노쇠하고 창백해진 얼굴과 흰 머리가 되었다. 갑자기 예전의 온갖 고생이 떠오른다. 하물며 황릉비(皇陵碑)를 기록함에 있어서야 어떠하겠는가.

대개 유학(儒學)을 하여 벼슬을 하는 사람들은 글을 꾸며 장식한다. 이 때문에 뒤 시기의 자손들이 경계로 하기에 부족할까 두려웠다. 그래서 특별히 내가 겪은 고생을 기술한다. 번창한 운을 밝혀 세상으로 하여금 보게 하고자 한다.

옛날에 우리 아버지가 이 지방에 임시로 살 때 농사에 고생이 많아 아침과 저녁에 이리저리 돌아다니셨다. 이때 갑자기 전염병이 유행하여 가족이 재난을 입었다. 그때 아버지는 64세로 돌아가셨다. 어머니는 59세로 세상을 떠났다. 큰형이 먼저 죽어서 집안이 모두 상을 당하였다.

땅주인은 덕으로 우리를 돌보지 않고 심하게 꾸짖었다. 시신을 매장할 땅을 주지 않았다. 이웃마을 사람들이 우리를 보고 탄식할 때 지주의 형이 슬퍼하며 이 누런 땅을 주었다. 묻으려고 해도 관(棺)과 곽(槨)이 없어서 더러운 치마로 몸을 감싸 삼척(三尺)으로 얕게 파서 묻었다. 어찌 제사에 차릴 먹을 것과 마실 것을 드릴 수 있었겠는가.

이미 묻고 난 후에 먹고사는 것이 무척이나 두려웠다. 중간형(仲兄)은 어리고 약해 생계를 이어 갈 수 없었다. 맏형수는 어린아이를 안고 동쪽 고향으로 돌아갔다.

하늘에는 비가 오지 않고 메뚜기 무리가 날아들었다. 동네 사람들은 먹을 것이 없어 풀과 나무를 먹었다. 나 또한 무엇이 있었겠는가? 마음은 놀라고 미칠 것 같았다. 이에 형과 함께 꾀를 내었다. 이 상황에서 어떻게 할 것인가 하니, 형이 이곳을 떠나자고 하였다. 각자 흉년을 견뎌 내자는 것이다. 형이 나를 위해 울고 나도 형 때문에 마음이 상했다. 하늘에는 해가 쨍쨍 내리비치는데 마음과 창자가 끊어지는 것 같아 흐느껴 울었다. 형과 동생이 길을 달리하니 슬픔이 축축이 적셔 왔다.

이때 왕 씨(汪 氏)의 늙은 어머니가 나를 위해 계책을 세워 주었다. 그녀의 아들을 절에 보내 단술(甘酒)과 향기 좋은 초를 준비해 주었다. 그래서 불문(佛門)에 예불 드리고 승방(僧房)에 출입할 수 있었다. 그러나 두 달도 못 되어 절의 주지가 식량이 없어 창고 문을 닫았다. 우리들은 각자 먹고살 길을 찾아야 했다.

구름과 물처럼 정처 없이 떠돌아다니며 회오리바람을 맞아야 했다. 내가 무엇을 할 수 있었겠는가? 무엇 하나 배운 것도 없이 친한 사람에게 의존하다가 스스로 수치를 당했다. 하늘을 우러러보며 어찌할 바를 몰랐다. 기댈 데가 없어 그림자를 벗 삼아 서로 같이 갔다. 아침 안개를 뚫고 빨리 나아가며 날이 저물면 옛 절을 살펴 옮겨 갔다.

하늘가를 우러르면 높고 험하였고 푸른 하늘에 의지했다.

저녁달 아래 원숭이가 우는 소리를 들으면 마음이 처량해졌
다. 정신이 근심하여 아버지와 어머니를 찾으면 계시지 않았
다. 죽음을 생각하니 몸이 거북하고 헤매었다.

서쪽 바람에 학(鶴)이 울면 갑자기 바람이 불고 비가 내리
는 소리가 들리고 서리가 날렸다. 몸은 쑥과 같이 바람을 쫓
아 멈출 수가 없었다. 마음은 끓는 물에서 세차게 흘렀다. 하
나의 떠도는 구름으로 삼 년을 지냈다. 나이가 바야흐로 20살
이 되어 강해졌다. 이때 장강(長江: 양자강)과 회하(淮河) 일대
에 도적이 일어나 백성들의 생활이 혼란해졌다. 이 무렵 어버
이를 생각하는 마음이 뚜렷해졌다." (후략)

주원장은 홍건적에서 지휘관으로 있을 때 유학자들로부터
글을 배웠다. 그는 책을 항상 손에서 놓지 않아 고전과 역사
에 대한 지식이 해박했다. 황릉비의 우아한 문장도 이러한 끊
임없는 독서의 온축에서 가능했을 것이다.

황릉비는 서정적으로 표현되어 있으나 내용은 처절하다.
그리고 매우 설득력 있게 그가 겪은 경험들을 표현하고 있다.

특히 다음 구절은 그의 처지를 생생하게 표현하고 있다.

'무엇 하나 배운 것도 없이 친한 사람에게 의존하다가 스스
로 수치를 당했다. 하늘을 우러러보며 어찌할 바를 몰랐다.'

이 글은 그가 겪은 서러움과 원망을 그대로 보여 준다. 그
는 세상의 모진 풍파를 스스로 헤쳐 나가야만 했다. 어린 시
절에 고생과 수치에 시달리면서 그의 내면은 사회에 대한 원

남경에 있는 주원장의 명 효릉

한으로 가득 차 있었을 것이다. 황제가 된 주원장은 사람을 죽이면서 어린 시절 사람들이 주었던 깊은 상처에 대한 복수의 마음을 발산했다고 볼 수 있다.

특이한 점은 주원장의 살육 대상은 주로 대신이거나 관리, 유학자들이라는 점이다. 이 점을 어떻게 보아야 할까?

주원장 자신은 농민 출신으로 황제에 오른 두 번째의 인물이다. 첫 번째 농민 출신 황제였던 유방은 자기 동네에서 동장과 같은 자리인 정장(亭長)의 자리에 있었다. 그는 마을의 유지였던 것이다.

그러나 주원장은 농민 출신이라도 아주 가난했다. 그는 이런 점에서 경제력과 학식을 갖춘 대신이나 관리, 유학자들에게 열등감을 가졌을 가능성이 높다. 이런 심리적 열등감이 공격성으로 나타났을 것이다.

하지만 그는 농민들에 대해 진한 애정을 가지고 있었다. 주원장이 지배하기 이전에 농민들은 비단옷을 입을 수 없었다. 그는 농민들이 비단옷을 입을 수 있도록 허락했다. 아마도 이것은 그가 농민 출신으로 모진 고생을 겪으며 그들에 대해 동질감을 느꼈기 때문일 것이다.

주원장의 농민에 대한 애정은 어릴 때에 아버지와 어머니가 농사짓는 것을 보며 그들의 품속에서 자라며 형성된 것이었다. 그는 빈곤한 집안의 아들이었지만 부모의 사랑 속에서 자랐다.

주원장은 이웃마을 사람들이 딱한 처지에 놓인 그를 보고 탄식할 때 인간에 대한 사랑을 느꼈다. 그리고 지주의 형이 슬퍼하며 호의를 베풀었을 때 그는 고마움을 아로새겼다.

한편으로 그는 이와 전혀 다른 극단적인 체험을 해야만 했다. 먹을 것이 없어 온갖 수치를 당하며 떠돌아다녀야만 했던 것이다. 주원장이 어린 시절에 겪은 모진 경험은 그에게 타인에 대해 잔인한 행동을 하는 자양분이 되었을 것이다.

따져 보면 이런 행동이 나오게 된 것은 어렵고 가난한 사람을 도와주는 국가와 사회의 시스템이 그 시기에 작동하지 않았기 때문이었다. 주원장과 같이 잔인한 인물들이 많아진다면 그 사회가 어떻게 되겠는가?

이런 점은 우리에게 중요한 점을 시사해 준다. 그것은 오늘날의 우리 사회가 그늘과 빈곤에서 자라고 있는 사람들에게 제대로 도와줄 수 있는 사회복지제도를 갖추고 시행하고 있느냐는 것이다. 우리 사회의 복지제도를 점검하고 개선시켜야 할 것이다.

사회복지는 역사적으로 위기에 피어나는 꽃과 같다고 한다. 선진국은 전쟁을 치르며 사회복지 철학을 만들었고, 경제 위기 속에서 사회복지 제도의 발전을 이루었다.

우리 사회복지제도의 역사는 일천하다. 그렇기 때문에 지금 제대로 작동하지 않고 있는 사회복지체제가 있을 것이다. 우리는 이를 제대로 점검하고 해결해야 할 것이다.

이를 위해서 사회복지 대책 전체를 조화시키고 상호 연계하기 위한 종합점검체계와 통제기구의 구축이 필수적이다. 그렇게 된다면 사회복지 정책에 대한 통합이 가능해질 것이다.

또한 분산된 여러 서비스 대책을 과감하게 통폐합하고 간소화해야 할 것이다. 주는 자와 받는 자가 무엇을 주고받을지 알아야 사회복지에서 전달이 가능하기 때문이다.

사회복지가 지금의 우리에게 왜 절실한가? 왜냐하면 그늘과 빈곤에서 자라는 이들은 우리 옆에서 생활하고 우리에게 영향을 끼칠 수 있는 존재이기에……

주원장, 그는 다양한 면모를 가진 인간이었던 것이다. 3개의 초상화 중에서 진짜 주원장은 누구일까? 아마도 이 모두가 그의 참된 얼굴은 아니었을까?

주원장의 예는 오늘날의 우리들에게도 알려 주는 점이 있다. 주원장은 절대 권력자였다. 그랬기 때문에 그의 기질도

분명히 드러났다. 그렇다면 우리들의 모습은 어떨까? 우리들
에게도 주원장과 같이 여러 가지 모습이 내재된 것은 아닐까?

측우기는 중국의 것인가?

이번 주제에서는 측우기(測雨器)를 다루었다. 측우기를 다룬 것은 현재 동아시아가 가지고 있는 역사적 문제 때문이다. 지금은 '역사전쟁'이라 불리는 시대이다. 일본의 역사교과서 왜곡과 중국의 동북공정이라 하여 이루어진 고구려사와 발해사 왜곡 등이 이 점을 잘 보여 준다. 이와 같은 역사문제는 왜 일어나는 것일까? 그것은 동아시아 나라들의 역사에 대한 이해가 각기 다른 데에서 나타나는 것이다.

그렇다면 지금과 같은 문제에 대한 해결책은 무엇인가? 동아시아에 흐르는 역사의 조류를 파악해야 할 것이다. 이를 위해서는 역사이해가 먼저 이루어져야 한다. 그런 목적으로 측우기를 다루었다.

우리나라가 세계에 자랑하는 것 중의 하나가 1441년(세종 23년)에 측우기를 만든 것이다. 측우기는 이탈리아의 베네데토 카스텔리가 1638년에 만든 우량계보다 200년이나 앞서 발명됐다.

측우기는 조선(朝鮮) 세종(世宗)이 처음 만든 이름이다. 이 이름은 1440~1910년까지 600년 가까이 사용되었다. 조선은 세계 최초로 측우기를 사용하여 강우량을 측정했다.

측우기는 높이 32cm, 직경(지름) 15cm의 동(銅)으로 만든 원통이 돌 위에 놓여 있는 형태이다. 측우기에 의한 강우량 측정은 각 도와 군현에 이르기까지 전국적으로 시행됐다.

강우량을 나타내는 지표인 비는 농업에 필수적인 요소이다. 옛날에는 비의 양을 나타내는 강우량에 대해 비가 많이

측우기 금영측우기. 조선. 높이 32cm.
보물 제561호. 기상청 소장.

왔거나 적게 왔다는 추상적인 보고를 했다.

측우기의 발명은 이 점을 계량화한 것이었다. 세종은 빗물이 땅속에 스며든 깊이를 수량으로 측정하여 보고하도록 했다. 그러나 땅속의 건조하고 습한 차이로 정확성을 기하기가 어려웠다. 이에 따라 지하로 흘러 들어간 빗물을 청동으로 만든 원통에 고이게 하였다. 원통 안에는 눈금이 있어 비가 온 양을 잴 수 있는 지혜가 담겼다.

우려되는 것은 최근 중국의 주장이다. 『중국기상사』와 같은 중국과학사 책들에 조선의 측우기가 중국의 것으로 되어 있다. 근거는 측우기에 쓰여 있는 '건륭경인오월조(乾隆庚寅五月造: 건륭제 경인년 오월에 만들다)'라는 글이다. 여기에서 건륭이 청나라의 연호라는 것이다.

안타까운 것은 이러한 잘못된 인식이 서양에 영향을 미치고 있다는 점이다. 서양 사람들은 중국어는 열심히 배우지만 한국어는 거의 배우지 않는다. 따라서 자연히 중국 책을 읽게 되고, 그것에 따르게 된다. 서양 책에도 측우기가 중국의 것으로 나와 있는 것이다.

그렇다면 연호란 무엇일까? 연호란 본래 중국에서 비롯되었다. 앞에서 측우기에 쓰인 연호는 중국 지역에 있던 청나라 건륭황제의 것이다.

연호(年號)와 관련하여 주목되는 것이 바로 조공(朝貢)과 책봉(册封)이다. 중국에 조공하고 책봉을 받았던 나라들이 연호를 썼던 것이다.

위에서의 조공이란 무엇인가? 사전적 의미로는 '종속국(從屬國)이 종주국(宗主國)에게 때에 맞추어 예물을 바치던 일'을 말한다.

여기에서 종속국이란 법적으로는 독립국이지만 실제로는 정치나 경제, 군사 면에서 다른 나라에 지배되고 있는 나라이다. 한편 종주국이란 다른 나라를 종속시키는 주인이 되는 나라이다.

또한 책봉이란 중국의 황제가 그 일족, 공신 혹은 주변 국가의 군주에게 왕(王)·후(侯)와 같은 작위(벼슬)를 주어 제후의 나라인 번국(藩國)으로 삼는 일을 말한다. 중국의 주변 나라 왕이 중국 황제에게 책봉을 받으면 그 나라 왕과 중국 황제와의 사이에 군신관계가 성립된다.

책봉된 나라의 왕은 중국 황제에게 조공을 하고 중국 황제의 요청에 따라 군대를 보내야만 된다. 이에 대해 중국 황제는 책봉한 나라가 외적으로부터 침략을 받을 때 이를 보호해주어야만 한다. 연호와 조공, 책봉은 서로 유기적으로 연관되어 있는 것이다.

그런데 한국사에서 중국에 조공하고 책봉을 받았던 나라들은 고구려·백제·신라의 삼국뿐만 아니라 부여·가야·발해·고려·조선 등이 포함된다. 이러한 의미로 해석한다면 한국사 전체가 중국사에 들어가게 된다.

중국에 조공하고 책봉을 받았던 일본·베트남 등 나라도 중국사에 들어가게 되어 동아시아사 자체가 중국사가 된다.

그렇다면 조공과 책봉의 본질적인 문제는 무엇일까? 이 점을 한국사에서 구체적인 예를 통해 살펴보기로 하자.

먼저 고구려의 예를 보자. 고구려는 장수왕 13년(425년)에 선비족(鮮卑族)이 북중국 지역에 세운 북위(北魏)에 대해 조공했다. 이어 고구려는 435년에 북위에 조공하고 책봉을 받았다.

이 무렵에 고구려와 한족(漢族)이 남중국에 세운 남송(南宋)과의 관계도 마찬가지였다. 고구려는 남송에 조공하고 420년과 423년에 책봉을 받았다.

이런 상황에서 북위가 5세기 중반 무렵 맹렬한 기세로 동쪽으로 진격해 왔다. 북위의 목표는 고구려와 북위 사이에 완충 역할을 하던 북연(北燕)이었다.

북위는 436년에 북연을 침략하였다. 이에 대해 고구려의 장수왕은 고구려군 수만 명을 북연의 수도인 조양(朝陽)에 보냈다.

이때 고구려군은 북연의 수도를 포위하고 있던 북위 군대와 예각 대치하였을 뿐만 아니라 수도에 들어가 북연의 황제

풍홍(馮弘)을 사로잡아 왔다.

이런 고구려의 자주성은 남송(南宋)과의 관계에서도 볼 수 있다. 남송은 438년 왕백구(王白駒) 등이 이끄는 수군(水軍)을 보내 고구려의 영토인 요동지역에 침범했다. 이것은 북위 공격을 위한 후방 기지를 만들기 위한 목적으로 이루어졌다. 고구려는 자국의 영토에 들어온 남송 군대를 격파했다. 지금까지 보았듯이 고구려는 북위와 남송에 대해 자주적 자세를 가졌다.

같은 예는 뒤 시기의 왕조인 고려에서도 보인다. 고려는 5대10국의 분열기를 거쳐 중국을 통일하였던 송(宋)과 조공·책봉 관계를 맺었다(고려 광종 13년: 962년). 그리하여 양국은 고려 명종 3년(1174년)까지 친선관계를 유지했다.

송은 통일 이후 북중국에 위치하고 있던 연운16주의 땅을 거란족이 세운 요(遼)나라에게서 되찾으려 하였다. 여기에는 역사적인 배경이 있었다. 5대10국의 혼란기에 석경당(石敬瑭)이라는 인물이 있었다. 그는 본래 후당(後唐)이라는 나라의 절도사였는데 황제였던 말제(末帝) 이욱(李煜)과 사이가 나빠지자 그의 자리를 차지하려 했다.

반란을 위해 석경당은 요나라(遼: 거란)의 황제 야율덕광[耶律德光: 요나라 태종(太宗)]에게 군사적 원조를 청하였다. 이때 그는 스스로 야율덕광에게 아들이라고 칭하고 막대한 세폐를 바칠 것을 약속했다. 그래서 사람들은 석경당을 '아들황제'라고 부른다.

문제가 된 것은 석경당의 또 다른 약속이었다. 연운16주를 요나라에게 바칠 것을 약속한 것이다. 연운16주는 오늘날 북경 인근의 하북성(河北省) 일대로 북방민족이 남쪽에 침입하기 위한 길의 역할을 했다.

결국 반란은 성공하여 석경당은 후진(後晉)이라는 나라를 세웠다. 그 대신에 연운16주를 요나라가 차지하게 되었다.

중국을 통일한 송에게 요가 연운16주를 차지한 것은 군사적으로 큰 위협이 되었다. 연운16주는 만리장성의 범위 안에 있다. 이 상태로 놓아둘 경우 송의 북방민족 방어선인 만리장성에 구멍이 나게 된다. 송은 통일한 후부터 이 땅을 회복하려 했다.

요의 입장에서 그것은 받아들일 수 없었다. '아들 황제'였던 석경당을 지원하고 그 대가로 얻은 땅이 연운16주였다. 자연히 송나라와 요나라는 대치하게 되었다.

송나라의 태종은 979년에 산서성(山西省)에 있던 북한(北漢)이라는 나라의 마지막 거점을 성공적으로 격파했다. 여세를 몰아 그는 연운16주를 회복하기 위해 하북성 북부로 갔다.

그러나 송나라 군대는 요나라 군대에게 북경(北京) 서쪽의 고량하(高粱河)에서 포위되었다. 이때 송 태종은 화살에 맞아 당나귀 수레에 실려 남쪽으로 도망해야만 했다.

송나라가 패배한 소식은 상인들에 의해 고려에 전해졌다. 고려와 송 사이에는 빈번하게 무역을 하여 상인들이 오고 갔기 때문이다.

고려는 태조(太祖) 때에 화친을 위해 온 요나라 사신을 귀양 보낸 적이 있었다[고려 태조 25년(942년)]. 고려는 그 이래로 요나라를 적대국으로 간주하고 있었다.

송 태종의 패배는 고려에게 큰 충격을 주었다. 요나라와의 전쟁에 졌던 송나라의 태종은 새로운 전략을 구사했다. 고려에 사신을 파견하여 두 나라가 협공할 것을 제의하였던 것이다(985년).

중국 북부와 한반도 방면에서 동시에 요나라를 공격한다는 것은 매력적인 전술임에 틀림없다. 실제로 당나라는 신라와 연합하여 북쪽과 남쪽 두 방향에서 고구려를 공격하여 멸망시킨 적이 있었다.

고려는 송 태종의 제의에 대해 적극적인 대답을 하지 않았다. 이듬해인 986년에 송은 단독으로 요나라에 침입했다. 이를 위해 송 태종은 6년 동안이나 전쟁준비를 했다. 그만큼 자신감을 가지고 있었다.

송나라 군대는 동쪽 길과 서쪽 길, 중간으로 나누어 요나라로 진격했다. 그러나 동쪽 길의 군대는 기구관(岐溝關: 하북성 고비점 서북쪽)에서 요나라 군대에게 궤멸되었고, 서쪽 길의 군대는 비호구(飛狐口: 하북성 내원)에서 패했다. 이 전쟁에서 송나라는 요나라의 상대가 될 수 없었다.

지금까지 송나라가 요나라에 쳐들어갔을 때 고려는 이에 협력하지 않았음을 보았다. 그렇다면 요나라가 고려에 침입할 때 송나라는 어떻게 대처했는가를 보자.

앞서 보았듯이 요나라는 고려 태조 25년(942년)에 사신을 보낸 적이 있었다. 그러나 고려의 태조(太祖)는 요나라에 대해 '동족(同族)의 나라인 발해를 멸망시킨 무도(無道)한 나라'라고 하였다. 그는 요나라 사신을 귀양 보내고, 선물로 보내 온 낙타를 개경의 만부교 다리 밑에 묶어 굶겨 죽였다. 이것은 요나라와 전쟁을 하겠다는 각오가 없이는 할 수 없는 행동이다.

드디어 요나라는 침입해 왔다. 성종(成宗) 12년(993년)에 고려에 대한 요의 1차 침입이 있었다. 이때 서희(徐熙)는 침입한 요의 장군 소손녕(蕭遜寧)과 담판을 하였다. 그는 송과의 관계를 끊고 요에 적대하지 않는다는 조건으로, 요나라 군대를 철수시켰다. 이때 고려는 오히려 압록강 동쪽의 강동6주를 획득하게 되었다.

그러나 고려는 진심으로 요나라에 대해 우호적인 정책으로 돌아선 것은 아니었다. 요의 1차 침입이 있은 1년 후인 994년에 고려는 원욱(元郁)을 송나라에 사신으로 보냈다. 원욱은 요의 침입을 알리며 원병을 요청했다. 고려는 송이 원병을 보낸다면 요와 대결할 각오로 사신을 보냈다.

그러나 송은 북방국경이 겨우 편안해졌으므로 가볍게 군대를 동원할 수 없다고 했다. 송나라는 고려의 요청을 거절했다.

이후 요나라는 고려에 대해 2차와 3차에 걸쳐 침입을 했다. 이때 송나라의 태도는 어땠을까? 먼저 요나라의 2차 침입을 보자. 이때의 침입은 현종(顯宗) 원년(1010년)에 있었다. 고려군은 잘 싸웠으나 사령관이었던 강조(康兆)는 포로가 되고 현종이 나주로 피난하기까지 하였다. 그렇지만 요나라는 별다른 소득 없이 철군했다. 그 이유는 아직도 요나라군에게 저항하던 서경(西京)과 홍화진(興化鎭) 등 여러 성의 군사력을 두려워했기 때문이다.

이 전쟁에서 송나라는 어떠한 군사적, 경제적 도움도 고려에게 주지 않았다.

요나라의 3차 침입 때도 마찬가지였다. 요나라는 현종 9년(1018년)에 소배압(蕭排押)으로 하여금 10만 명의 대군을 이끌고 쳐들어왔다. 사실 요나라 군대가 쳐들어올 때 고려 조정과 백성들은 대단히 긴장했다. 요나라는 중국을 통일한 송나라를 패배시킨 군사강국이었다. 국가적 위기가 다가왔던 것이다.

바로 이때 상원수(上元帥) 강감찬(姜邯贊)이 군사 20만 8,000명을 이끌고 홍화진에서 요나라군대를 크게 무찌르고, 퇴각하는 적군을 귀주(龜州)에서 섬멸했다(귀주대첩). 이때에도 송나라는 고려에 대해 어떠한 원조도 하지 않았다.

이런 역사적인 예들은 조공과 책봉을 했다고 하여 종주국과 복속국의 관계로 이해할 수 없다는 것을 알게 해 준다. 따라서 조선의 측우기에 새겨진 건륭 연호를 가지고 이를 중국에서 만들었다고 할 수는 없는 것이다.

지금이라도 중국과 서양의 여러 나라들에서 중국의 것으로 잘못 알려진 측우기를 한국의 것으로 바로 세우는 일을 해야겠다.

:: 참고사진 및 지도출전

런하오즈 지음, 차혜정 옮김, 2007, 『제왕의 길』, 에버리치홀딩스.
멍셴스 지음, 김인지 옮김, 2008, 『정관의 치: 위대한 정치의 시대』, 에버
　　　리치홀딩스.
발레리 한센 지음, 신성곤 옮김, 2005, 『열린 제국: 중국 고대─1600』, 까치.
상해고적출판사 편저, 박소정 편역, 2005, 『교양중국사』, 이산.
심규호 지음, 2002, 『연표와 사진으로 보는 중국사』, 일빛.
오함 지음, 박원호 옮김, 2003, 『주원장전』, 지식산업사.
웨난 지음, 허유영 옮김, 2008, 『진시황제의 무덤』, 크림슨.
이경윤·정승원 공저, 2009, 『세계 악남 이야기』, 삼양미디어.
이재정, 2005, 『의·식·주를 통해 본 중국의 역사』, 가람기획.
이진수, 2007, 『한 권으로 이해하는 중국 차문화』, 지영사.
필립 드 수자 외 지음, 오태경 옮김, 2009, 『그리스 전쟁: 신들의 나라에
　　　서 벌어진 인간의 전쟁』, 플레닛미디어.
『한국민족문화대백과사전』, 1995, 한국정신문화연구원.

신정훈

1965년 대구에서 태어나 여의도고등학교, 서강대학교 사학과와 연세대학교 대학원
사학과를 졸업했다. 중앙대학교 대학원에서 문학박사 학위를 받았다. 중앙대학교
한국교육문제연구소 전임연구원을 지냈으며 2005년에는 중앙대학교 신진우수연구
자로 선정되었다. 현재 중앙대학교에서 한국사와 역사의 이해 등을 강의하고 있다.

주요 논문

「신라 경덕왕대 왕권강화책의 성격」(동서사학6, 7합집, 2000)
「신라 혜공왕대 정치적 추이와 천재지변의 성격」(동서사학8, 2001)
「신라 선덕왕대의 정치적 추이와 그 성격」(대구사학65, 2001)
「청주 운천동 신라 사적비 재검토」(백산학보65, 2003)
「통일신라기 진골의 독점관직과 승진과정」(이화사학연구30, 2003)
「신라 원성왕 즉위초의 정치적 추이와 그 성격」(백산학보68, 2004)
「고구려의 서상물이 지닌 성격」(중앙사론21, 2005)
「신라 중대의 서상과 정치적 의미」(백산학보76, 2006)
「신라 효소왕대의 정치적 변동」(역사와 실학34, 2007)
「신라 성덕왕대의 정치적 변화와 성격」(한민족문화연구24, 2008)
「고구려의 서상이 가진 정치적 의미」(동아인문학13, 2008)
「신라 하대의 서상이 가진 정치적 의미」(동양학44, 2008)
「신라 중대의 대사와 은전이 가지는 정치적 의미」(백산학보85, 2009)
「고려 말기 왜구의 침입과 기근에 따른 민생」(향토서울76, 2010)

저서

『8세기 신라의 정치와 왕권』(2010)

동아시아 역사
5 가지 궁금증

초 판 인 쇄 | 2010년 11월 01일
초 판 발 행 | 2010년 11월 01일

지 은 이 | 신정훈
펴 낸 이 | 채종준
펴 낸 곳 | 한국학술정보㈜
주　　　소 | 경기도 파주시 교하읍 문발리 파주출판문화정보산업단지 513-5
전　　　화 | 031) 908-3181(대표)
팩　　　스 | 031) 908-3189
홈 페 이 지 | http://ebook.kstudy.com
E - m a i l | 출판사업부　publish@kstudy.com
등　　　록 | 제일산-115호(2000. 6. 19)

ISBN　　978-89-268-1606-6 93910 (Paper Book)
　　　　978-89-268-1607-3 98910 (e-Book)

이담 Books 는 한국학술정보㈜의 지식실용서 브랜드입니다.